JE VEUX ÊTRE UTILE

LÉA MOUKANAS

JE VEUX ÊTRE UTILE

Robert Laffont

Ouvrage proposé par Noich (l'Homme de l'ombre).

ISBN : 978-2-221-26397-6
Dépôt légal : octobre 2022
Éditions Robert Laffont – 92, avenue de France, 75013 Paris

À mes grands-parents

Avant-propos

L'histoire que vous allez découvrir au fil de ces pages est collective. Elle raconte l'adolescence qui rencontre la maladie, des collégiens, lycéens et étudiants qui se lancent dans leur premier engagement, des patients du même âge hospitalisés partout en France, des équipes médicales qui soignent, coûte que coûte. Tout y est rigoureusement vrai, seuls certains prénoms ont été modifiés pour respecter l'intimité des jeunes et des professionnels de santé. Cet ouvrage se veut aussi le portrait d'un âge de transition, celui de l'adolescence et du début de la vie adulte. Ces dernières années, beaucoup ont commenté, documenté et analysé notre « génération canapé-sacrifiée-covidée-engagée ». Il m'a toujours semblé que nous ne sommes pas une « génération à part » – l'histoire d'Aïda le montre –, mais le reflet d'une société en quête de sens.

Tout a débuté il y a sept ans, dans ma classe de seconde. J'avais quinze ans et je voulais absolument m'engager dans une structure associative existante. En 2014, en France, il n'était pas possible de se lancer dans le monde associatif en étant mineur. Trop jeune, pas assez disponible, pas fiable, pas d'expérience. Alors j'ai voulu inventer un espace qui me permettrait d'agir, d'être utile, de me faire une place.

Cette année-là, ma grand-mère maternelle Aïda est décédée d'un cancer, en dix-sept jours. Avec mon aïeule, je suis brutalement entrée dans le monde de l'hôpital. Bizarrement, alors qu'il n'y a aucun professionnel de santé dans ma famille, je m'y suis tout de suite sentie à ma place. Aussi loin que je me souvienne, j'ai toujours été fascinée par cet univers. Dans l'appartement parisien de mon enfance, ma chambre avait vue sur une maternité et j'aimais le soir suivre les allées et venues des soignants au gré des lumières qui s'allumaient et s'éteignaient. Il y avait quelque chose de rassurant dans leur présence continuelle. Parfois même, pendant leur pause sur les marches extérieures de l'établissement, ils me saluaient par la fenêtre. J'avais alors l'impression de faire partie des leurs.

Depuis le collège, j'avais néanmoins la certitude que je ne serais pas médecin. Tous les étés, j'effectuais un stage auprès de l'infirmière scolaire de mon école primaire. J'aimais classer les fiches médicales des élèves et ranger l'infirmerie à l'agencement douillet et aux odeurs si caractéristiques. Pendant le stage qui suivit mon année de cinquième, une enseignante avait reçu un pot de fleurs sur la tête, en plein milieu de la cour de récréation. N'écoutant que mon devoir, je me suis évidemment précipitée pour l'aider. À la vue du sang, je me suis évanouie. Les pompiers nous ont donc emmenées, toutes les deux, à l'hôpital, la blessée consolant et rassurant l'évanouie. Un comble. Le soir de ce jour mémorable, ma mère m'avait assuré : « Toi, plus tard, tu travailleras dans une ONG. Je le sens. »

Grâce à ma grand-mère, j'ai donc découvert l'hôpital de l'intérieur. La première fois que j'y suis entrée, j'admets avoir été perdue dans cette immensité blanche. Tout était plus grand, plus impressionnant, plus rapide que prévu. Très vite pourtant, j'ai aimé ce lieu de vie où se côtoient des sensibilités, des origines et des âges différents. Les histoires qui se mêlent et se croisent, les métiers du soin, la chaleur humaine, la vie qui naît ou s'éteint. L'hôpital est un monde parallèle, un point de bascule, au carrefour de la vie, de la maladie, de la mort. C'est notre bien commun à tous.

En approfondissant ma connaissance du milieu hospitalier, j'ai constaté qu'il n'existait pas – ou si peu – d'unités dédiées à la prise en charge des adolescents et des jeunes adultes touchés par un cancer. Que des jeunes de mon âge, atteints de la même maladie que ma grand-mère, passaient leurs journées à l'hôpital, seuls, entourés uniquement d'adultes. Qu'ils avaient besoin d'échanger, de vivre des moments avec des jeunes de leur âge. De discuter, de rire, de danser, de se projeter. De vivre, simplement. Le défi à relever s'imposait comme une évidence : favoriser et faciliter les rencontres entre jeunes, entre ados, malades ou non, atteints de cancer ou non. Il y avait urgence, sans mauvais jeu de mots.

L'association qui porte le prénom de ma grand-mère est née le 10 janvier 2015. Dans les jours qui ont suivi sa création, toute la promotion, entraînée par ma classe de seconde, s'est engagée avec un enthousiasme et une détermination que je ne soupçonnais pas. C'était incroyable. À cette époque-là, l'engagement n'était pas du tout à la mode. Depuis, de plus en plus de jeunes collégiens, lycéens et étudiants, sensibilisés par des présentations de notre action en milieu scolaire et sur les réseaux sociaux, ont cherché à s'engager sur le terrain, à agir concrètement. Au moment où j'écris ces lignes, l'association Aïda fête ses sept ans. Aujourd'hui, elle accompagne près de deux mille deux cents jeunes dans cinquante services hospitaliers grâce à des dizaines de milliers de jeunes bénévoles.

J'ai créé Aïda à un âge où l'on grandit encore. Il fallait créer une structure compatible avec notre rythme de lycéens. Un engagement à la carte, responsabilisant, concret, instantané aussi. Avec le recul, j'ai l'intime conviction que cette mobilisation de terrain est un formidable levier pour la jeunesse. Elle nous a aidés à nous construire ensemble, à gagner en confiance, à trouver un point d'équilibre, à aller de l'avant, à gérer nos priorités, à être nous-mêmes. L'engagement est une école de vie.

La clinique Édouard-Rist[1] à Paris est le trente-cinquième hôpital que j'ai sollicité, et celui qui a vu naître notre action en 2016. Avant lui, tous les autres établissements hospitaliers en Île-de-France avaient refusé notre aide, souvent parce que nous étions *trop jeunes*. J'avais pourtant élaboré une stratégie que je pensais infaillible… Objectif : passer pour une adulte. Les rendez-vous avec des services hospitaliers se déroulaient habituellement un jour de semaine, au beau milieu de mes cours. Je commençais par sécher avec la complicité de mon professeur principal, puis je me maquillais exagérément et enfilais une tenue que j'empruntais à ma mère. Je n'obtins pas beaucoup de succès.

Cette fois-ci, c'était particulier. Thierry Chadeville, animateur de la clinique Édouard-Rist, et Nathalie Agostini, éducatrice spécialisée, savaient que j'étais *très jeune*. Ils m'attendaient après les cours, à 15 heures, un mercredi. Pour la première fois, je n'avais rien préparé. Pas de document de présentation. Pas de proposition spécifique ni de cadre d'intervention. Rien. Je me suis assise face à mes deux interlocuteurs et à la

1. Aujourd'hui devenue la clinique FSEF (Fondation santé des étudiants de France), à Paris (16e arr.).

question « Que proposez-vous comme actions ? », j'ai balbutié : « Ranger le stock, décorer l'hôpital, donner des fournitures scolaires… Ce que vous voulez. On veut juste être utiles. »

Voilà les seuls mots un peu confus qui me sont venus.

Contre toute attente, ils m'ont prise au pied de la lettre. La première convention de partenariat d'Aïda avec un hôpital a été signée dans les jours qui ont suivi, le 10 juin 2016. Le dernier vendredi de ce mois, des bénévoles lycéens rendaient visite aux jeunes hospitalisés à la clinique pour une mission d'une durée de deux heures et demie. La veille de l'intervention, je rédigeai en cours, sur un coin de mon agenda :

La liste des immanquables pour la première visite

1. *Rendez-vous devant l'hôpital*
2. *Envoyer un e-mail à Thierry*
3. *Ne pas mettre de parfum*
4. *Penser aux T-shirts*
5. *Se laver les mains en arrivant*
6. *Faire la playlist pour la soirée*
7. *Préparer le brief et le débrief*

Beyrouth, juin 1999

À ma naissance, mes parents ont planté un cèdre dans leur jardin. Ils venaient de se marier et retapaient une ancienne ferme. En grandissant, j'ai cultivé un lien particulier avec cet arbre. C'était ma ligne de départ et mon point d'arrivée lorsque ma tante m'apprit à faire du vélo. Je m'en suis servi comme catapulte dans les batailles de boules de neige avec mon frère et ma sœur. Quand j'étais triste ou en colère, il suffisait que je pose ma main sur l'écorce de ce cèdre pour aller mieux. La caresse était douce lorsque ma main tendait vers le ciel, rugueuse dans le mouvement inverse.

Un samedi matin, je surpris mon père au pied de l'arbre avec quelques bouts de bois à la main. Il ambitionnait d'y construire un abri pour les oiseaux. Je me souviens de cet instant où, une fois sa tâche terminée, il m'a hissée sur ses épaules pour que je suspende son œuvre à l'une des branches de l'arbre.

Il m'a toujours semblé que ce minuscule refuge était extensible. L'espace devait y être assurément infini. J'imaginais les oiseaux y pénétrer par la petite porte rouge, emprunter le long couloir lumineux puis s'installer dans la chambre sans aiguilles qui s'ouvrait au milieu des branches. J'avais lu que les oiseaux par instinct savent reconnaître ces lieux de rendez-vous. J'aimais penser qu'une fois d'aplomb, ils accueillaient à leur tour les suivants pour en prendre soin. Mon père m'avait assuré que, chaque matin, les quelques égarés du jardin y trouveraient refuge.

J'avais sept ans et je sais qu'il avait raison.

1

Rendez-vous devant l'hôpital

Devant l'hôpital, ils attendent mes instructions. Chacun d'eux porte un T-shirt bordeaux floqué au prénom de ma grand-mère. Notre signe de reconnaissance. Je sens un curieux cocktail d'excitation et d'appréhension monter dans le groupe. C'est notre première fois à tous.

Ce 30 juin 2016, nous l'attendons avec impatience depuis plusieurs mois. Thierry et Nathalie ont accepté que quelques bénévoles organisent une soirée pour marquer le début de l'été et, par la même occasion, notre première intervention en milieu hospitalier. Ils ont mis à notre disposition la salle commune de l'hôpital, baptisée par les patients « l'aquarium ». Dans ma classe, tout le monde a voulu être présent pour le grand jour. Le cours d'histoire de la veille a permis de faire passer un papier entre les rangs pour comptabiliser les inscriptions.

Nous voilà donc assis à vingt-deux sur les escaliers qui mènent à l'entrée de l'hôpital. Certains parlent du devoir de français de ce matin, d'autres font circuler un briquet pour allumer leur cigarette. Personne ne sait vraiment ce qui nous attend à l'intérieur, ni ce que nous allons proposer comme activité. Cette dernière année et demie, j'ai imaginé tous les scénarios possibles pour cette première visite à l'hôpital. Je n'ai jamais mis les pieds dans l'aquarium, mais je suis déjà capable d'en décrire les moindres recoins : la scène musicale qui domine la pièce, la rangée de baby-foot alignés maladroitement, les guirlandes suspendues au faux plafond. Je me représente cet endroit si rempli de vie, et pourtant je crains qu'il soit profondément vide à notre arrivée. Je regarde mes camarades de classe. Ils me font confiance mais je n'ai aucune idée de là où nous allons. J'ai peur d'y noyer leur jeunesse et leur enthousiasme. Et si le courant ne passe pas ? Ou, pire encore, que faire si l'un des jeunes se sent mal ou si survient un problème médical ?

Louise se lève et prend les devants : « J'espère qu'ils kiffent Orelsan autant que moi ! » Le ton est donné. Dès que nous pénétrons dans l'aquarium, le temps s'arrête, et nos vies à l'extérieur sont figées. L'espace que j'ai redouté vide s'est rempli en un instant. Paul prend l'initiative de brancher son téléphone aux enceintes et, aussitôt, les murs fins tremblent au rythme du top 10 de la playlist qu'il a préparée. Amel s'avance vers un baby-foot et défie deux jeunes. Alexandra et Sonia servent à boire avant de rejoindre le reste du groupe sur la piste de danse. Comme par magie, les codes de l'adolescence se recréent à l'hôpital. C'est fou !

Un peu en retrait, je contemple cette scène hors du temps, sans parvenir à comprendre comment nous en sommes arrivés là. Je suis dans un état de sidération face à l'impossible rendu possible : vingt-deux jeunes lycéens dans l'enceinte d'un hôpital en train de danser avec vingt-deux autres jeunes qu'ils ne connaissaient pas cinq minutes auparavant. Pourtant, on ne se parle pas. Dans l'aquarium, tout le monde se comprend. Profondeur des regards, reflet de cet âge qui ne demande qu'à vivre. Il y a quelque chose de lumineux dans leur visage. Une vérité qu'aucun de nous n'avait touchée jusqu'à présent.

Paul me fait signe de les rejoindre. Je panique, je n'ai pas du tout envie de danser, je ne m'en sens pas capable. Je cherche désespérément une porte de sortie. À côté de moi, une jeune fille noie ses pensées dans le verre de jus de pomme qu'on vient de lui servir. Sur sa casquette qu'elle a mise à l'envers, je reconnais l'étoile remportée par la France en 1998. Elle la réajuste pour se donner une contenance. Elle est belle, grande, mince. Cela détonne avec son air bougon. J'ai l'impression de la connaître déjà. Elle ne semble ni entendre la musique autour d'elle, ni se soucier des cris qui ont déjà dû réveiller le reste des patients de l'hôpital. Je suis rassurée de ne pas être la seule à fuir la piste. Je l'observe jouer avec sa paille et battre du pied au rythme de la musique. Un coup par terre, un coup sur le pied de perfusion.

J'essaie de lui sourire, mais son regard me transperce sans me voir. Elle continue à agiter sa paille dans son verre. Dans un sens, puis dans l'autre. L'écrase avec deux doigts, et la jette brusquement dans la poubelle avoisinante. Elle tombe pile au centre. Sourire satisfait.

Amel, qui vient de remporter un match très serré de baby-foot, s'approche alors de moi en sautillant, et me serre fort dans ses bras. Elle pose délicatement dans la paume de ma main un petit paquet rond. Je le déballe avec précaution et découvre une boule à neige sur laquelle je lis « SWEET 16 » en lettres capitales. Quelques jours plus tôt, c'était mon anniversaire. J'ai seize ans.

Quand la jeune fille à la casquette comprend que j'ai son âge, quelque chose change dans son regard. C'est une lueur d'étonnement, empreinte de curiosité. Elle pose son verre, empoigne son pied de perfusion et me fait signe de la suivre.

Au premier étage, l'ambiance est nettement différente.

Les soignants de garde s'activent de chambre en chambre. La lumière est blafarde et, au fond du couloir, une lampe LED clignote. La jeune fille et son pied de perfusion marchent deux mètres devant moi.

Ils s'arrêtent devant une porte violette, sur laquelle je peux lire son prénom écrit entre les lignes d'une portée de musique. J'apprends que Justine joue du piano, comme moi, depuis dix ans. Elle vient de recevoir de la part de ses grands-parents, depuis la Martinique, un petit clavier qui est calé contre le mur de sa chambre. Amusée par ma timidité, elle me défie.

« Toi d'abord ! » Je m'exécute. *Comptine d'un autre été. L'Après-Midi,* de Yann Tiersen.

Justine s'assied à côté de moi et se met à jouer à son tour. En pianotant, elle raconte. Elle est née en Martinique et a été élevée par sa grand-mère, après la mort de ses parents dans un incendie. Depuis toute petite, elle a construit sa trajectoire autour du sport, avec l'ambition de devenir footballeuse professionnelle. C'est à l'issue d'un entraînement où elle s'est fracturé la jambe qu'elle a appris qu'elle avait un cancer. Elle est désormais traitée à Paris. Sa famille n'a pu l'accompagner, faute de moyens. Seule la cousine de sa mère habite en région parisienne.

De la main droite, je joue quelques notes. Justine sourit et comprend mon jeu. Elle reçoit ma passe et y répond par une gamme de la main gauche. Elle se met à chanter. J'ai les larmes aux yeux. Sa voix est si pure.

Sur le clavier, nos doigts se laissent entraîner et courent au même rythme. Ils accélèrent. Sa voix suit et dribble dans les aigus. Mes mains tentent de lui répondre, mais cela va trop vite pour moi. Elle, c'est la joueuse professionnelle, je sens dans son regard qu'elle ne lâchera pas. Elle prend l'avantage. Ses mains glissent, ne s'arrêtent plus, jusqu'à marquer le point final du morceau. Justine me regarde d'un air triomphant. Elle a gagné.

Pendant toute notre conversation, c'est elle qui mène le jeu. Elle pouffe, s'amuse de mes dix ans de piano, nous éclatons de rire. Ce soir-là, je ressens pour la première fois que quelque chose sonne juste. Dans l'harmonie de l'instant, je suis à ma place.

Au moment où j'ouvre la porte pour quitter sa chambre, elle me lance, affalée sur son lit : « Au fait, c'était cool, merci. Je me suis sentie jeune à nouveau, et pas malade. »

Je ne me rappelle plus combien de temps j'ai passé à l'étage. Suffisamment pour qu'à mon retour dans l'aquarium, la soirée se soit transformée en karaoké géant. Je n'aurais jamais pu imaginer à ce moment précis que cette parenthèse dans le temps puisse un jour être répliquée partout en France. L'association qui porte le prénom de ma grand-mère est le fruit de l'engagement d'une promotion de seconde qui voulait simplement se sentir utile. Je crois même qu'elle avait besoin de se sentir vivante.

Le cocktail d'excitation et d'appréhension s'était apaisé. On pouvait lire dans les yeux de chacun une profonde douceur. Nous n'étions plus que sourires. Nous devions avoir l'air bizarres. Deux soignants qui n'étaient pas beaucoup plus âgés que moi sont venus nous rejoindre. Je me souviens qu'ils ont demandé en arrivant : « Vous avez fumé quoi ? » Thierry m'a fait un clin d'œil.

Moments irréels. Dans un monde parallèle. Nos voix de lycéens résonnaient dans les escaliers menant à la sortie de l'hôpital. Dehors, la nuit était tombée. Il était dix heures du soir passées. Nous nous sommes regardés, l'air hagard. Personne n'a eu les mots tout de suite. Le lendemain matin, en classe, un lien différent nous unissait, unique et inqualifiable.

Je n'ai plus jamais revu Justine. Quelques mois plus tard, à la rentrée scolaire, sa chambre était occupée par un autre patient. Je n'ai pas réussi à avoir de ses nouvelles. Justine, si tu lis ces lignes, fais-moi une passe…

La dernière fois que j'ai vu ma grand-mère, c'était deux ans auparavant, fin août 2014. Avant de quitter Beyrouth pour Paris, je l'ai serrée dans mes bras et lui ai assuré que les mois qui nous séparaient des vacances de Noël passeraient à la vitesse de l'éclair. Elle m'a souri, mais ses yeux disaient le contraire. « Si Dieu veut », m'a-t-elle répondu.

Savait-elle qu'elle était malade ?

Nous avons appris qu'elle avait une leucémie le mercredi 8 octobre 2014. Elle est morte dix-sept jours plus tard.

Tous les matins depuis mon entrée au lycée, je partageais le chemin de l'école avec Alexandra et Éloi. Alexandra portait toujours ses lunettes de vue dans les cheveux, et Éloi se contentait, en été comme en hiver, d'un short et de sa bonne humeur. Pour ma part, j'optais toujours pour une chemise et un jean noir. « Un style de bonne sœur à faire tomber tous les mecs à la renverse », plaisantait souvent Alexandra.

Je connais Éloi et Alexandra depuis toujours. Nous avons grandi ensemble, mais rien ne laissait présager que nous puissions un jour être amis. Alexandra est mon aînée de deux ans et m'avait prise sous son aile à mon arrivée au collège. Être *validée* par une quatrième, et qui plus est *populaire*, voilà qui était de bon augure pour le reste de ma scolarité. Éloi et moi n'avons jamais été *populaires*, ni sociables d'ailleurs. C'est, je crois, ce qui a fait le charme de notre rencontre. Nous avions le même cercle d'amis et, à force de passer du temps ensemble, nous ne pouvions plus nous en passer.

Dans mon emploi du temps, le mercredi était de loin ma journée préférée. Nous commencions à 9 h 30, pour suivre seulement trois cours, dispensés par des professeurs qui ne donnaient que très rarement des devoirs, et qui ne nous contraignaient jamais à des examens. Un cours d'anglais, deux heures de sport. Je figurais parmi les bons élèves, mais la simple idée d'être évaluée sur mes connaissances dans un temps imparti me donnait envie d'arrêter le lycée. Sept ans plus tard et à l'aube de la fin de mes études, j'ai toujours du mal à comprendre pourquoi le système français fait la part si belle aux notes et tient si peu compte de la personnalité des élèves, de leurs goûts, de leurs passions, de leurs talents. C'est vraiment dommage. Je m'abstiendrai de parler des professeurs qui s'obstinaient à rendre les copies par ordre décroissant de réussite. Ceux-là mériteraient que leur soit consacré un ouvrage entier.

Le mercredi était aussi et surtout le jour des cours d'anglais avec Mrs Kelly. Nous nous connaissions depuis la maternelle. À l'époque, elle nous apportait des bonbons acidulés et nous apprenions ainsi à nommer les fruits en anglais. Fatalement, comme tous les élèves, je l'adorais. Elle me savait timide, avait le don de me rassurer au moindre regard, et elle était la seule à réussir à me faire participer. En grandissant, j'ai continué à partager avec elle une complicité inébranlable jusqu'à mon entrée au lycée. Lorsque j'ai découvert que Mrs Kelly y enseignait également, nous avons convenu d'emblée un accord. Ce pacte tacite – signé par un hochement de tête – impliquait notamment d'écarter toute allusion rappelant l'époque où j'étais *so cute and so shy.*

Ce mercredi-là, ma mère nous appela, mon frère et moi, depuis Beyrouth dans le courant de l'après-midi. Sa voix ne ressemblait pas à celle avec laquelle nous avions grandi. Elle sonnait triste et s'affaiblissait sous les coups de nos questions. Paraître lui a toujours demandé une énergie folle. Elle commença par nous demander si nous avions fait nos devoirs, et si le dîner était prêt. Elle racontait qu'elle était bien arrivée, et que toute la famille nous embrassait. Je me rappelle que mon frère était agacé, sans comprendre pourquoi. Le décalage entre ses mots et ses silences était assourdissant. Ma mère finit par nous rassurer sur l'état de santé de ma grand-mère. Tout devait bientôt rentrer dans l'ordre. Mon frère fit une grimace.

J'étais convaincue que la réponse se trouvait, comme souvent, dans l'ordinateur de mes parents.

L'ordinateur familial n'avait pas de mot de passe. Il suffisait d'appuyer sur « espace » puis « entrer » pour y accéder. J'étais la seule de la fratrie à connaître ce stratagème. Ma fouille archéologique commença sur Facebook.

Le mot de passe du compte de ma mère était ma date de naissance. J'admets avoir éprouvé une certaine satisfaction à franchir les premières étapes de ma quête avec tant de facilité. Il n'y avait rien dans les messages privés, rien dans les publications de ses amis, et rien sur le profil de ma grand-mère. (J'avais cependant découvert que j'allais avoir le casque que j'avais commandé pour Noël.)

Il ne restait plus qu'à vérifier la messagerie. La connexion à celle-ci était plus périlleuse, car je maîtrisais très peu l'usage des e-mails. Je rentrai l'adresse de ma mère et je tentai d'y accéder par ma date de naissance.

« Invalid ID or user password. »

Les tentatives suivantes, avec les dates de naissance de mon frère et de ma sœur, s'avérèrent tout aussi peu concluantes. Mon regard se posa sur le fond d'écran de l'ordinateur. J'ai tenté « plage », « mer » et « Liban », sans plus de succès. Il me vint alors l'idée de taper « cèdre » et, comme par magie, une série de « Chère Madame » apparut et défila sous mes yeux émerveillés. Bingo !

Je tapai « Aïda » dans la barre de recherche. Le message le plus récent datait du matin même et avait été envoyé par ma tante. Dans l'objet de l'e-mail était écrit : « Résultat des bilans sanguins de Maman. » Mon cœur se mit à battre plus rapidement, et ma gorge se noua. Très lentement, j'ai cliqué sur l'e-mail. Il était très long et en anglais. À la fin, je lus ce message de ma tante : « Elle a une leucémie aiguë myéloïde. Maman est solide, elle va se battre, mais ce n'est pas évident à plus de soixante ans. »

Étonnamment, la première chose qui me frappa, c'était l'âge de ma grand-mère. Dans mon esprit, elle n'en avait pas et n'en avait jamais eu. Je me souviens m'être risquée une seule fois à lui poser la question. Elle m'avait répondu qu'elle avait l'âge de son cœur. La réponse m'avait satisfaite, sachant qu'elle avait un cœur flambant neuf depuis son quintuple pontage.

Mon deuxième réflexe fut de copier-coller le nom barbare de sa maladie dans la barre du moteur de recherche. La première chose qui apparut alors sur Wikipédia était : « La leucémie aiguë myéloïde (LAM), aussi appelée leucémie aiguë myéloblastique, est un cancer de type hémopathie maligne affectant les cellules hématopoïétiques de la moelle osseuse. »

Aïda avait un cancer.

Lorsque nous étions petits, mes parents me disaient souvent que mes meilleurs amis pour la vie seraient mon frère et ma sœur. Je dois admettre que, à dix ans, l'idée me séduisait peu. Pourtant, à la lecture du mot « cancer », mon premier réflexe a été de convoquer une réunion de crise dans notre chambre. La prophétie commençait à se réaliser.

Mon frère était assis derrière son bureau et collait consciencieusement les dernières pièces d'une maquette. Il profitait de l'absence de mes parents pour se coucher tard. Je m'assis sur son lit. Devais-je lui dire ? Après tout, c'est mon petit frère, et les directives de ma mère avant son départ avaient été claires : je devais absolument le protéger. En même temps, je n'ai jamais cru aux bienfaits du mensonge protecteur.

« Viens, on va manger des cookies au chocolat avec du lait dans la cuisine ! »

En termes de phrase d'accroche, il n'y avait pas mieux.

Mon frère lança le sujet en premier. Je lui racontai alors ma découverte. Lui comme moi ne savions que dire. Nous jouions avec les miettes de biscuits dans notre lait. C'est encore lui qui prit la parole. Il m'expliqua que la grand-mère d'un ami avait eu sept cancers, et qu'elle était toujours en vie. J'acquiesçai, rassurée. Alors nous avons pris une feuille de papier pour noter toutes les personnes que nous connaissions qui avaient eu un cancer, et le nombre de cancers associés à chaque personne. Pour compléter, nous rajoutions à cette liste l'état actuel de la personne : morte ou en vie.

À l'issue de nos calculs et au regard des capacités physiques de notre grand-mère, nous avions conclu avec beaucoup de sérieux et d'enthousiasme qu'Aïda pourrait avoir onze cancers avant d'éventuellement y succomber.

La veille de la mort d'Aïda, j'ai pris l'avion pour Beyrouth. À mon arrivée, nous sommes allées à l'église avec mes tantes.

C'est là que près d'un an auparavant nous avions passé notre dernier Noël. Les enfants et les adultes, enivrés par le bon vin et la joie de se retrouver, allaient avec entrain à la messe de minuit. Ma grand-mère les rappelait à l'ordre en se mordant la lèvre pour ne pas rire.

Aujourd'hui, nous n'avions pas le cœur à rire. Mes tantes et ma mère se mirent à genoux et prièrent. Je les regardais faire. Nous étions seules dans l'immense édifice. De temps en temps, des femmes vêtues de noir s'avançaient, mettaient un genou à terre, allumaient un cierge et repartaient. Je tremblais de froid. L'une d'elles me sourit. J'avais un peu honte d'être la seule debout dans l'église. Je m'agenouillai alors à mon tour. Mes pensées gambadaient vers le dernier message envoyé par Alexandra, auquel je n'avais pas répondu, la conversation téléphonique que j'avais eue avec Éloi au sujet de cette association que nous voulions monter sans trop savoir ce que nous allions en faire, la rédaction que je devais rendre à Mrs Kelly avant la fin des vacances…

Mon regard se posa sur un couple qui venait de faire son entrée dans l'église. Ils avançaient tous deux au même rythme, l'homme alignant son pas sur le claquement des talons de la femme. Il lui serrait si fort la main que j'en eus mal pour elle. Ils devaient avoir l'âge de mes grands-parents. Elle parvint à se dégager pour allumer délicatement un grand cierge. La petite flamme jaune et orange dansait au gré de la respiration de mes tantes. Je la fixai longtemps. Puis, je fermai les yeux.

« Si elle souffre trop, laisse-la partir. »

Aïda partit le lendemain.

Au début, je me suis dit que j'avais tué ma grand-mère. Pour une fois que je priais, Il n'était pas obligé d'exaucer mes demandes !

Je n'obtins pas l'autorisation de voir Aïda avant sa mort. Douze membres de la famille patientaient dans la salle d'attente du service de réanimation. J'étais la plus jeune. Chacun est allé lui dire au revoir. Mes parents m'expliquèrent que j'étais trop jeune pour entrer, et qu'il était préférable que je patiente à l'extérieur : « Elle aurait préféré que tu ne la voies pas comme cela. »

Les chaises de l'antichambre de la mort se vidaient au fur et à mesure que la chambre de ma grand-mère se remplissait. Autour de moi, tout était glauque. Aïda s'en allait, et même l'hôpital était triste. Le linoléum se recroquevillait. Une fontaine d'eau défaillante pleurait. Les murs jaunâtres se décomposaient. C'était leur manière de lui dire au revoir. Vers une heure du matin, l'électricité s'est coupée.

J'étais maintenant seule dans la salle d'attente. Je n'avais pas envie de pleurer. Je voulais que cela s'arrête. J'avais faim. Je ne voulais pas qu'elle s'en aille.

Ma grand-mère et moi avons toujours partagé une passion inconditionnelle pour la nourriture. Devant un plat, qu'il soit délicieux, bon, ou même médiocre, nous ne disions jamais non. Aïda avait toujours faim. Sur toutes les photographies que j'ai retrouvées de nous deux, on nous voit en compagnie d'un plat différent. Lors des vacances de février que nous avions passées ensemble dans les montagnes libanaises, j'étais tombée malade. Pour me soigner, elle me préparait chaque jour des plats savoureux, que je dévorais malgré la fièvre et la fatigue. Pour soigner mon mal de gorge, elle y avait même adjoint un verre d'arak, cette boisson alcoolisée libanaise à base d'anis, mais bien dilué dans l'eau. Sacrée Aïda !

À défaut de pouvoir partager un dernier plat avec elle, je décidai d'apaiser seule ma faim. Si Aïda venait à mourir comme chacun semblait le pressentir, je ne voulais surtout pas qu'elle puisse me voir le ventre vide. Quelques heures plus tôt, j'avais repéré un distributeur à proximité de l'entrée de l'hôpital.

J'errais de couloir en couloir, guidée par l'appel du ventre, un peu perdue dans cette fourmilière trépidante. Toutes les allées se ressemblaient, portes fermées, portes entrouvertes. Les blouses blanches passaient et repassaient, de chambre en chambre, d'étage en étage, de service en service. J'entendis quelques rires dans un poste de soin. Cela me fit du bien. L'équipe de nuit avait succédé à celle de jour. Grâce à elle, l'hôpital était en vie.

Je retrouvai le distributeur avec une joie non dissimulée. Des rangées de barres chocolatées et de biscuits fourrés aux fruits s'alignaient. Je décidai d'en prendre deux. Un pour moi, un pour ma grand-mère. Au cas où.

« Bah alors, tu veux que je t'aide à te décider ? »

Je dus me retenir de hurler. Il éclata de rire. Il jouait avec les roues de son fauteuil, sweat-shirt délavé et pieds maladroitement rangés dans des sandales en caoutchouc bleu. Il devait avoir mon âge. Peut-être quelques années de plus. Il n'avait ni cheveux, ni barbe, ni sourcils. Là, à Beyrouth, dans l'hôpital où s'éteignait peu à peu Aïda, je rencontrai pour la première fois un jeune de mon âge qui avait la même maladie qu'elle. Je lui souris et lui cédai ma place au distributeur avant de retourner bredouille dans la salle d'attente. Mon oncle m'y attendait pour me raccompagner à la maison.

La nuit de la mort d'Aïda, je n'ai pas pleuré. En attendant le retour de mes parents, je me suis assise en silence sur le balcon – vue sur l'hôpital – pour scruter les lumières qui s'allumaient ou s'éteignaient au gré des urgences de la nuit. Je ne parvins pas à repérer la chambre d'Aïda, mais j'ai la certitude que mes yeux sont restés ouverts tant que les siens l'étaient.

Les jours qui suivirent sa mort furent mécaniques.

Nous avons serré beaucoup de mains, nous avons goûté à tous ses plats préférés et accueilli les larmes de visages qui nous étaient inconnus. Grâce à celles et ceux qui sont venus lui rendre hommage, j'ai découvert les histoires de son passé, et commencé à reconstituer, pièce par pièce, le puzzle de la vie d'Aïda.

Beyrouth, 18 octobre 2012

Aïda se préparait à présenter son engagement pour l'association BASSMA – « sourire » en arabe – pour la première fois à la télévision. Elle s'était engagée quelques années plus tôt et depuis y dédiait une grande partie de ses semaines. Elle tenait des stands, accompagnait personnellement des familles en situation de précarité et organisait des événements. Le prochain en date serait un Noël pour tous les membres de l'association.

Toute la famille attendait le passage d'Aïda à la télévision nationale. Ma mère me fit signe de venir m'asseoir. Dès les premiers mots prononcés par ma grand-mère, j'ai compris que son engagement était vital.

2

Envoyer un e-mail à Thierry

L'automne 2014 était déjà bien avancé. Le ciel maussade gagnait du terrain, et je sentais qu'un hiver triste s'annonçait. Les arbres perdaient leurs feuilles, les jours raccourcissaient. Le soleil était plus pâle, caché par la grisaille. Un après-midi pluvieux, ma mère avait proposé de nous emmener au cirque. Mon frère et ma sœur avaient sauté de joie. Je m'étais contentée de déposer un mot sur le palier d'Alexandra : « Je ne peux pas te voir pour le projet cet après-midi. Désolée, Maman veut qu'on sorte. »

Sous un faisceau aveuglant de lumières violacées, le trottinement d'une jument ouvrait le spectacle. Un shetland à la crinière blonde cavalait sur ses pas, guidé par une femme à laquelle je ne parvenais pas à donner d'âge. Ses cheveux étaient en bataille et arrivaient jusqu'à ses genoux. Elle avait les poings fermés et, en laissant mon regard remonter le long de son bras gauche, je distinguais le sillon bleu tracé par ses veines. De l'autre main, elle tenait un long fouet. Elle le faisait claquer à chaque tour de piste, tout en criant dans une langue qui m'était inconnue. La crispation de son corps contrastait avec son sourire. Ma mâchoire se resserrait à chaque hurlement. Mes molaires grinçaient à chaque claquement. Je m'accrochai au banc. Dans un mouvement circulaire, le reste de la troupe se présenta à son tour aux spectateurs. Certains étaient à vélo. D'autres avançaient sur les mains. Contrairement à l'assistance, mon frère et ma sœur n'applaudissaient pas. Leurs visages s'allumaient au gré du spectacle. Je voyais les cercles de lumière se refléter dans leurs yeux. Ma sœur était émerveillée. Mon frère, ébahi, avait la bouche entrouverte. Je souriais.

La musique se tut soudain, la lumière se tamisa. On n'entendait plus que le roulement lointain d'un tambour. La femme était désormais seule au milieu du chapiteau. Son fouet avait laissé place à un cerceau coloré. Ses muscles s'étaient détendus, sa mâchoire assouplie. Elle faisait virevolter le cerceau autour de son pied, puis de sa main. Tout lui semblait facile. Sur le côté de la piste, un homme lui en lançait de nouveaux. Elle les réceptionnait et les faisait danser avec elle. Au bout de quelques minutes, il y en avait une dizaine. La femme était encerclée. Une corde descendit alors du plafond. Elle posa délicatement ses anneaux au sol et grimpa. Je ne pus m'empêcher de m'imaginer en cours de sport, peinant à atteindre le premier nœud de la corde, tétanisée par les coups de sifflet de mon professeur. Ses mains attrapèrent le fil tendu à l'horizontal. Elle était accrochée au-dessus du vide. Son corps se balançait. Avec la force de ses bras, elle parvint à se hisser au-dessus. Le tambour s'était tu. La voix d'un violon s'entremêlait à des chants slaves. Mon cœur battait au rythme de son équilibre. Elle marchait délicatement. À deux doigts du désastre. De la chute mortelle. À chaque mouvement, elle caressait la mort mais parvenait à s'en extraire. À la maîtriser. Je sentais bien qu'elle aimait cela, et que chaque pas suspendu lui procurait une exaltation décuplée. Elle était en vie.

J'avais hâte que les vacances de Noël arrivent pour retrouver ma famille à Beyrouth. Je comptais le nombre de mercredis qui me séparaient d'elle. Au Liban, nous dormions toujours chez ma grand-mère paternelle. Aïda et elle vivaient à dix minutes à pied l'une de l'autre. Elles nous accueillaient ensemble lorsque nous arrivions dans la capitale.

Dans l'avion, j'aimais m'asseoir près du hublot. À quinze minutes de l'atterrissage, j'apercevais les côtes libanaises ; je savais alors que nous y étions presque. Lorsque nous étions retournés au Liban en 2008 – pour la première fois depuis le début de la guerre[1] –, j'avais ressenti un serrement au ventre en reconnaissant les gratte-ciel de hauteur et de style différents enchevêtrés le long de la mer. Au fur et à mesure que nous nous rapprochions de la piste, Beyrouth se dévoilait. Je retrouvais les yachts au milieu des bateaux de pêcheurs, les minarets tutoyant les clochers, le ciel bleu mêlé à la brume de la pollution. Dans l'ombre des tours de luxe, les ruines de la guerre. Un peu plus loin, l'ancien bidonville de Karantina, la « quarantaine » en arabe. Autour, la montagne veillait.

Le Paris-Beyrouth de la compagnie Middle East Airlines était à l'image du pays. Bruyant, chaleureux, désorganisé souvent, odorant parfois. Somme toute : rassurant. Il n'y a aucune explication rationnelle à aimer Beyrouth, et pourtant je l'adore. Lorsque les roues de l'appareil avaient touché le sol sous les applaudissements des passagers, mon angoisse se muait instantanément en sentiment de plénitude. Personne n'attendait les consignes des stewards pour détacher sa ceinture et se lever. Nous étions à la maison. Il y avait ici une tristesse joyeuse, une fêlure pudique, une douleur fière. Quiconque visitait Beyrouth le ressentait immédiatement. Je trouvais un certain charme à la désinvolture libanaise. C'était quelque chose de nonchalant mais

1. Le conflit a débuté le 12 juillet 2006 et a duré trente-trois jours. Il a opposé Israël au Hezbollah libanais.

d'affirmé, d'intentionnel mais de léger. Je restais bien sagement assise et me disais : « Moi aussi, un jour, j'aurai cette audace. »

Avant de sortir de l'aéroport, je m'arrêtais toujours quelques instants devant les portes vitrées coulissantes. C'était mon rituel. À l'intérieur du bâtiment, la climatisation tournait à plein régime. J'enlevais alors mon sweat-shirt, retroussais mon jean et remontais mes manches. Dehors, la chaleur attaquait mon corps. L'air m'écrasait, et il me fallait toujours un peu de temps pour m'acclimater à l'environnement qui m'avait vu naître. Les gouttes de sueur perlaient sur mon front, et je plissais les yeux pour suivre le chariot de bagages qui se frayait un chemin au milieu de la foule massée. Au bout de quelques minutes, la chaleur m'enveloppait et caressait chaque partie dénudée de mon corps. C'était la distance qui séparait Paris de Beyrouth.

Mes tantes nous attendaient avec des ballons et nous emmenaient en voiture jusqu'à la maison de ma grand-mère à Achrafieh. Le trajet durait environ vingt-cinq minutes. C'était une moyenne. Il n'y a jamais d'exactitude ici. Tout a toujours été approximation. Depuis la voiture, nous l'appelions. C'était son alarme. Cela lui laissait le temps de préparer le véritable festin qui nous régalait systématiquement : taboulé libanais[1],

1. Une salade de persil, tomates et blé concassé.

kebbé[1] aux aubergines, sambousseks au fromage et à la viande, douceurs orientales venues tout droit de Syrie. Tout était là pour nous signifier que nous étions de retour chez nous. Je savais que cette même table nous accompagnerait dans le chemin inverse. Celui que nous empruntions chaque année à la fin des vacances, lassés et oppressés de cette ambiance que nous étions pourtant venus chercher quelques semaines auparavant. Seules les discussions seraient alors différentes. C'était le paradoxe libanais. C'était ce qui nous rappelait que nous n'étions pas seulement d'ici. Que nous avions été façonnés ailleurs. Là-bas.

Cette année, tout serait différent. Nous avancions vers le mois de décembre, persuadés que le temps nous aiderait à gagner en équilibre. Aïda était le pilier de la famille, et sa disparition l'avait ébranlée. Un mercredi soir de novembre, je me sentais vide. Je me couchai tôt, épuisée par mes deux heures de sport du matin. J'étais sous l'eau. Machinalement, je regardais des vidéos sur mon téléphone pour noyer le temps. Je pense que je me suis assoupie. Aïda parlait. En arabe. Je reconnaissais le son de sa voix persuasive et enveloppante, le roulement caractéristique des « r », son rire en cascade. J'ouvris les yeux en sursaut. C'était bien elle sur la vidéo. Elle portait un élégant ensemble mauve, gris

1. Un beignet croustillant de viande hachée, épices et boulghour.

et noir, auquel étaient assorties des boucles d'oreilles pourpres. Ses cheveux étaient impeccablement coiffés et laqués. Ses mains fines dansaient au rythme de ses paroles : « *Nurafiq el yial hatta taeud aala qadamayha hatta yakun likul chakhess moustaqbal.* »

Je traduisais naturellement en français : « On accompagne une famille jusqu'à ce qu'elle soit remise sur pied, pour que les jeunes aient un avenir. »

Comme c'était étrange d'entendre sa voix.

J'ai eu l'intuition de créer Aïda le lendemain matin.

Le système informatique du lycée a été cette fois mon meilleur complice. Mrs Kelly était la seule à autoriser l'usage de l'ordinateur pendant ses cours. Ils se déroulaient, exceptionnellement pendant ce semestre, au CDI, dont l'équipement venait d'être rénové. Je passais des heures entières devant l'écran, prétextant des recherches documentaires sur la littérature américaine. Ma voisine de table m'alertait à chaque passage d'un adulte. Je cherchais frénétiquement comment créer une association.

Je trouvai plus facilement que ce que j'avais pu imaginer. Il fallait d'abord rédiger des statuts, trouver *a minima* un autre volontaire pour porter le projet, et écrire le procès-verbal de la première réunion qui fait foi de la création. Aussitôt lus, aussitôt téléchargés. Pour ceux qui veulent se lancer, allez-y ! Mais pas forcément en cours d'anglais, vous dirait Mrs Kelly.

Il fallait maintenant que nous soyons immatriculés au registre des associations. Le vrai obstacle était mon âge. À quinze ans, en France, en 2014, on ne pouvait pas créer d'association loi 1901. On ne pouvait que participer à la mise en place de « junior associations », qui constituaient une belle opportunité mais étaient plafonnées dans leur collecte et limitées dans leur fonctionnement. Je devais impérativement trouver une solution.

Je venais de recevoir mon premier bulletin de notes inaugurant le début de ma vie lycéenne. J'avais franchi une étape. Je m'apprêtais à en franchir une autre. Je profitai d'une nuit où ma mère devait se lever tôt pour plaider dans le sud de la France – elle est avocate. Munie, à l'ancienne, de ciseaux et de patafix, je découpai la partie inférieure de la photocopie de mon précieux bulletin, et je la collai sur la dernière page des statuts. Je réveillai ma mère en lui disant qu'elle allait rater son train et en agitant sous ses yeux endormis mon relevé de notes. Elle devait absolument signer avant son départ. Elle n'y vit que du feu et certifia les statuts, sans le savoir. Jusqu'à mes seize ans, la préfecture de police de Paris m'a ainsi appelée maître Moukanas.

Ce matin-là, j'ai partagé mon projet avec Éloi et Alexandra. Je voulais absolument qu'ils soient les premiers avertis. Alexandra connaissait ma grand-mère, et Éloi en avait tant entendu parler que c'était tout comme. Je me souviens qu'il faisait beau pour la première fois depuis quelques jours. Alexandra et moi marchions sur le chemin de l'école. Nous n'étions que toutes les deux ; c'était le moment idéal pour sonder sa réaction.

« On essaie et on verra bien ! »

Elle avait raison, l'aventure devait être tentée. Éloi était à côté de moi en travaux pratiques de S.V.T. et, tandis que je le laissais – comme souvent – disséquer à ma place, je lui annonçai la grande nouvelle. Lui qui avait toujours été particulièrement taciturne s'exclama : « On commence quand ? » Sous le coup de l'émotion, il pressa sa pipette, et le bleu de méthylène jaillit sur ma blouse. Je gloussai. Le professeur nous regardait, étonné par notre comportement inhabituel. J'étais submergée par l'excitation.

Y ont-ils cru dès ce jour-là ? Quoi qu'il en soit, ils m'ont immédiatement soutenue et n'ont jamais cessé depuis, chacun à sa manière.

Nous nous sommes envolés pour le Liban quelques jours avant Noël. Ma grand-mère était née un 22 décembre. Avec Tania, l'aînée de mes cousines, nous sommes allées à pied acheter un bouquet pour fleurir sa tombe. Beyrouth est conçue pour se déplacer en voiture. Dans les ruelles dépourvues de trottoir, il fallait s'imposer. Au bout, un grand carrefour décoré aux couleurs de Noël clignotait, les voitures klaxonnaient, se doublaient dangereusement et grillaient le seul feu qui semblait fonctionner. Tania posa sa main sur le capot d'une voiture et me fit signe d'avancer. Elle est née à Amiens mais a Beyrouth dans le sang.

Sur l'étal du fleuriste se déployait un océan haut en couleur et en parfums. Les lys, drapés dans leur dignité royale, affichaient une blancheur éclatante ou un rose perlé. Leur parfum enivrant se mêlait à celui, plus subtil, des roses qui, telles des reines, faisaient étalage de leur toilette de velours pourpre ou carmin. Des fleurs aux atours plus simples les côtoyaient : un vase débordait de mimosas dorés ondoyants, un autre de chrysanthèmes aux tiges raides et aux têtes multicolores ; quelques marguerites à l'air amical et presque souriant s'épanouissaient dans un bac en aluminium. Plus loin avaient été installés les anémones joufflues, les camélias délicats, les œillets à la robe froissée, les jacinthes aux clochettes méthodiquement alignées et, enfouies au milieu de ce débordement, les minuscules violettes au parfum délicat et à la fragilité attachante. Au fond, des séries de fleurs en pots, sagement rangées, attendaient : grappes de lavande mauves, hellébores pour égayer les tables de fêtes, têtes de géranium saumonées prêtes à fleurir les balcons, élégantes orchidées qui, même sans parfum, demeuraient captivantes et mystérieuses.

Mon regard s'arrêta sur les jacinthes. J'avais le souvenir d'un après-midi de janvier où, avec Aïda, j'avais cheminé dans les rues de Paris. À l'issue de notre promenade, elle avait acheté un bouquet de jacinthes violacées pour la maison. J'étais sûre de mon choix. Ma cousine ne l'approuva pas et se tourna sans hésitation vers les hellébores.

« Ce sont des roses de Noël, c'est pour Aïda. Elles lui ressemblent », affirma-t-elle en saisissant un pot de fleurs bordeaux. Je sentis confusément qu'elle avait raison. Je connaissais Aïda grand-mère. Elle, de dix ans mon aînée, connaissait Aïda femme.

J'étais triste et vexée. Je n'étais même pas capable de choisir des fleurs pour ma grand-mère. Plus les jours passaient, plus j'avais le sentiment d'avoir été exclue d'une partie de sa vie. J'avais l'impression de la connaître moins bien que le reste de la famille. J'aimais qu'on me parle d'elle, qu'on me raconte ses histoires. J'avais besoin de la découvrir sous toutes ses nuances. Aïda femme semblait avoir eu mille vies. Je n'en connaissais qu'une. Je me surprenais parfois à l'imaginer à l'aube de ses vingt ans, pleine de rêves et de fougue. Quelle avait été sa première fronde, qui avait été son premier amour ? Sur les photos de cette époque, on aurait dit une actrice. Je rêvais que l'on me dise que je lui ressemblais. Je n'ai rien d'elle, sauf ses mains. J'y portais une attention particulière. Je m'étais remise au piano. En cours, à la question saugrenue d'un professeur qui nous demandait quelle partie de notre corps nous préférions, j'avais répondu : « Mes mains. » Toute la classe s'était esclaffée. Ils ne pouvaient pas encore comprendre.

Certains soirs, Aïda m'obsédait presque. Elle qui m'était toujours apparue comme une solution était devenue, après sa mort, une énigme. Quels étaient ses secrets les plus profonds ? Que désirait-elle ? Était-elle vraiment heureuse ? Qui était réellement ma grand-mère ?

J'annonçai la création d'Aïda à mes proches le soir de Noël. Pour ma grand-mère, c'était la fête la plus importante de l'année. Celle qui rassemblait toute la famille venue des quatre coins du monde. C'était la seule occasion de nous réunir tous. Elle nous avait transmis le besoin d'être ensemble. Cette année, nous nous retrouvions autour de l'absence d'Aïda. Chacun se sentait impliqué, responsable de la joie des autres. La table scintillait. Ma mère avait passé la journée à préparer des feuilles de vigne, mon plat libanais préféré. Elles étaient harmonieusement disposées sur un immense plateau en céramique, qui trônait au milieu de la table. Les plus jeunes de mes cousins avaient préparé une chanson qui faisait rimer prénoms et mets de prédilection. « Léa – Pizza. » C'était peu flatteur, mais les adultes ont ri. L'alcool faisait sa part. Même le chien participait à la fête, tourbillonnant autour de la table. C'étaient les contours de notre clan. Chacun veillait à ne pas franchir la ligne.

J'avais soigneusement emballé une vingtaine de T-shirts sur lesquels était imprimé « Association Aïda

– La Jeunesse Unie contre le Cancer. » C'était leur cadeau. Ma mère pleurait, mon père retint ses larmes. Mes cousins enfilèrent leur T-shirt, mes tantes filmaient.

Ce soir-là, notre émotion était suspendue à un fil. Alors que le funambule a les jambes qui tremblent, il vibre d'un élan vital. Au-dessus du vide, nous nous sentions vivants. C'était le début d'une aventure que personne, pas même ma grand-mère, n'aurait pu imaginer.

Nos statuts sont publiés au Journal officiel du 10 janvier 2015. Ma classe est prévenue à la rentrée par Alexandra. Je suis trop timide pour prendre la parole. L'annonce a un effet euphorisant sur l'ensemble des élèves et des professeurs. Lorsque je confie à Mrs Kelly que j'ai détourné son cours, elle fait mine de me regarder de travers et éclate de rire. Elle sait et me connaît bien.

Très vite, ma classe, puis toute ma promotion, se met en ordre de marche. Alexandra gère la communication, c'est son point fort. Éloi recrute les bénévoles et se découvre un talent de chasseur de têtes. Je le vois s'épanouir et prendre des initiatives. À la fin du mois, il monte lui-même sur l'estrade pour annoncer l'ouverture d'un compte Instagram. Je ne suis pas à l'aise dans l'exercice – je n'ai pas le droit d'avoir un profil sur les réseaux sociaux. Lui, si. Je le suis, grisée par l'idée d'avoir accès à un nouveau monde. Tous les trois, nous sommes complémentaires. Aux intercours, nous prenons des photos à mettre en ligne. Nous soignons particulièrement la première. Belén et Clarisse se chargent du décor. Elles poussent les tables, ouvrent grand la fenêtre. La lumière de janvier entre sur le cliché. Derrière, Juliette, Héloïse et Yashoda sourient en pointant leur T-shirt. En arrière-plan, Anna saute pour apparaître. Elle est floue. Les T-shirts de Colomba et Louna posent aussi. Côté pile. « Il n'y a que des filles sur vos photos ! » s'amuse un professeur, qui nous rejoint pour contrebalancer. Peu à peu, d'autres enseignants se prêtent au jeu. L'adhésion à Aïda devient une façon de mesurer leur cote de popularité.

Nous nous découvrons autrement. J'apprends que la sœur de mon voisin de classe a eu un cancer du sein triple négatif à vingt-cinq ans, que la grand-mère d'Alexandra en est morte, et que le père de ma camarade du premier rang est actuellement en traitement à l'Institut Curie. La création d'Aïda donne un souffle différent à la promotion. On va à l'essentiel. Tout est plus simple, plus vrai, plus direct. Il y a quelque chose qui nous dépasse. À l'heure du déjeuner et le soir après les cours, une file d'attente se forme devant la classe de seconde 1. Chacun cherche à trouver sa place. Même les *populaires* rejoignent le mouvement, eux qui semblaient appartenir à une catégorie supérieure, à part, mettent la main à la pâte. Le formulaire de bénévolat devient le Graal. Éloi, qui n'a jamais adressé la parole à autant de personnes dans une même journée, pavoise. Même les filles le regardent différemment.

Nous finançons l'achat de T-shirts en organisant des précommandes auprès des adultes de l'établissement. Dans les couloirs, nous mettons en place un véritable trafic organisé, tous les professeurs consomment. Les fonds collectés sont rapportés dans un casier fermé à clé que nous avons caché sous l'estrade. Chaque soir, nous le vidons à tour de rôle, et je suis escortée jusqu'à mon domicile par deux camarades qui s'improvisent gardes du corps. Des cartons de centaines de T-shirts bordeaux arrivent au compte-gouttes dans le bureau du surveillant général. Nous ne sommes pas passés loin de l'heure de colle.

« A fait livrer mille T-shirts dans l'enceinte de l'établissement scolaire. » Avec le recul, j'aurais adoré que cette mention figure sur mon bulletin de notes.

Le groupe grandit au fur et à mesure que nous nous enfonçons dans le mois de janvier, naturellement. Personne ne se pose de questions. Nous sommes excités à la moindre annonce, enivrés par la moindre opportunité. L'engagement fait ressortir une part de chacun que les autres ne connaissaient pas. Alexandra comprend que sa légendaire *tchatche* a une capacité de mobilisation, Éloi s'improvise sociable. Je me découvre *leader*.

Comme chaque année, nous recevons notre convocation pour la photo de classe. De nombreux élèves proposent spontanément qu'elle soit prise avec le T-shirt d'Aïda. Je suis convoquée par la direction.

« Vous nous avez toujours habitués à un parcours d'excellence, mademoiselle Moukanas ! Si vous continuez comme cela, nous allons bientôt devoir renommer l'école Aïda… Ne nous décevez pas ! »

Cette dernière phrase a sur moi l'effet d'un électrochoc. Elle brise mon monde parallèle. « Ne nous décevez pas » : les larmes retenues depuis octobre commencent à monter. Je détourne les yeux en pensant qu'Aïda n'aurait pas aimé me voir pleurer en public. Dans la famille, les larmes et le sang doivent faire preuve de pudeur. Toujours avoir la tête haute, quoi qu'il en coûte. Plus je contiens mes larmes, plus ces mots menacent de les faire couler.

La porte du bureau s'ouvre brutalement. Ma professeure principale interrompt le procès. Sous son cardigan, elle fait apparaître le T-shirt bordeaux d'Aïda. Je suis complètement abasourdie. Ma professeure est à quelques années de la retraite, elle fait partie des murs. Mécaniquement, elle se plie à l'ensemble des directives données. « Même quand on n'est pas d'accord avec le capitaine, on ne saute pas du navire », répond-elle lorsque nous lui demandons ce qu'elle pense de la dernière réforme de l'Éducation nationale sur les programmes d'économie ou de mathématiques. Elle ne sort jamais du cadre. Elle a toujours eu une aversion pour le conflit et une peur bleue de ses supérieurs. Elle sait arrondir les angles.

Et elle est là. Debout dans le bureau, tête haute, regard fier, mains sur les hanches. Bien des années plus tard, elle m'expliquera qu'elle ne s'est jamais sentie aussi libre qu'à ce moment. Le lendemain, nous prenons deux photos de classe. Une première comme les années précédentes, une seconde avec nos T-shirts bordeaux. Tout le monde est content.

Je suis désormais *mi-bolosse mi-cool*. Je commence à être invitée par *les populaires* aux soirées de la promotion. Je n'y vais pas. Je suis surprise par ces propositions, mais je comprends vite qu'il y a quelque chose d'héroïque à rendre l'engagement accessible. Personne n'a réussi à participer à une association avant. J'ai moi-même, sans succès, fait quelques tentatives. « Trop jeune. »

J'ai la pression. Mrs Kelly se propose pour donner des cours d'anglais bénévoles à l'hôpital. Éloi me signale que les élèves du lycée voisin aimeraient nous rejoindre. Alexandra reçoit des messages par dizaines pour offrir de l'aide. L'épicerie au coin de la rue souhaite organiser une opération solidaire pour collecter des fonds. Tous attendent. Ils veulent intervenir à l'hôpital. Tous m'attendent. Nous nous rapprochons du mois de mars, et aucun établissement ne nous a répondu favorablement. Je n'ai rien à proposer. Je cache totalement l'information pour éviter de briser l'enthousiasme. Seuls Alexandra et Éloi savent. Secrètement, je pense à tout arrêter. Si nous n'avons aucune utilité, pourquoi continuer ?

Pour mobiliser, mes camarades ont l'idée d'organiser des ventes de gâteaux. À Paris, en France ou ailleurs dans le monde, chacun y dédie une journée de ses vacances. Ma famille et moi passons les nôtres dans les montagnes libanaises. Dans ma chambre, quotidiennement, je parle seule à voix haute. Je m'entraîne à annoncer la fin de l'aventure au reste de ma promotion. Pas d'hôpital, pas d'association. Il faudra nécessairement tout arrêter à la rentrée. En attendant cette heure décisive, ma sœur et moi préparons tout de même des cupcakes que nous vendrons au bord des pistes. Je cuisine mal et déteste le ski, mais il y a dans cette combinaison de tâches rebutantes quelque chose de réjouissant. Les skieurs filent devant nous, sans s'arrêter. Certains nous jettent des billets ou des pièces sans même emporter le fruit de notre matinée de travail. Le soleil tape, et nous sommes coiffées d'un grand ciel bleu. Je commence à désespérer quand une femme s'arrête. Elle retire son masque et son bonnet qui libère une longue chevelure blonde.

« Bravo pour ce que vous faites ! Je vous suis sur les réseaux, c'est beau de voir des jeunes qui s'engagent… N'arrêtez jamais. »

La famille d'Ethan nous contacte à notre retour de vacances. En ligne, elle suit nos aventures depuis quelques semaines et semble intriguée par notre âge. Ethan a presque le même. Il vit à deux heures de Paris en voiture, non loin de la Manche. Sur une première photographie envoyée par sa mère, je le vois souriant dans un T-shirt bleu turquoise trop grand pour lui. Il a la coupe au bol et le regard malicieux. Sur une autre, le voici quelques années en arrière : c'est un enfant comme les autres. Il lui manque une dent et il souffle de toutes ses forces pour éteindre une ribambelle de bougies. Sur un troisième cliché, je le surprends en train de cuisiner, le visage barbouillé de chocolat. Ethan est une version normande de Charlie Bucket. Il est heureux au milieu d'une famille équilibrée qui l'entoure. Il n'a pas tout, mais il ne manque de rien. Il a des rêves, mais il sait mesurer le temps pour y accéder. La maladie s'est installée dans une famille normale où, désormais, le temps long n'existe plus. Il n'y a pourtant eu aucun signe avant-coureur.

Régulièrement, j'écris à sa mère, Maryse, pour prendre des nouvelles. J'ai parfois son père, Luc, au téléphone, beaucoup plus réservé. L'échange dure rarement plus de deux minutes. Au début, je me dis que je ne sais pas m'y prendre. Puis je comprends que chacun fait comme il peut. Nous débarquons dans leur clan, et ils entrent dans nos vies de lycéens. Des amis de la famille nous proposent même de participer à l'anniversaire surprise d'Ethan. C'est le premier depuis le début des traitements. Nous avons l'idée de tourner des vidéos de soutien. Tout le monde se prête au jeu – même mon grand-père, le mari d'Aïda. Simon et Jade, deux bénévoles de la bande, ajoutent une subtilité à l'exercice : puisque Ethan collectionne les cartes Pokémon, nous organiserons aussi une collecte géante. À tour de rôle, les participants viennent déposer sous l'estrade de la seconde 1 – à condition qu'elle soit rare – la carte dont ils sont prêts à se séparer. Certaines le sont tant que leurs propriétaires serrent les dents. D'autres achètent des paquets à la librairie au bout de la rue et viennent enrichir le butin. Nous sommes en train de construire la plus grande collection de cartes Pokémon de Paris. Des rouges, des vertes, des bleues, des jaunes, de tous les niveaux, avec une farandole d'évolutions possibles. Il y en a des centaines. Mais ce n'est pas suffisant.

Il faut plus. Nous lançons un appel en ligne. Avec la complicité d'un surveillant – qui se reconnaîtra –, les cartes arrivent par dizaines, puis par centaines au lycée. Marseille, Dijon, Lille, Tours, Montpellier dans la première vague. Beyrouth, New York, Londres et

Canberra dans la seconde. C'est incroyable ! Clou final du spectacle : Paul crée une carte à l'effigie d'Ethan. Celle-ci, c'est la plus rare de toutes...

Tous les jours, le corps d'Ethan crie. La maladie a réveillé chaque partie de son être. Ils cohabitent désormais. C'est une colocation où chacun doit garder son espace. Ethan y veille, mais il comprend vite que certaines choses le dépassent. Son corps change. Rapidement. Sous l'effet des médicaments, il triple de volume, perd ses cheveux noirs, et son teint devient pâle. Seul demeure son regard espiègle. Tous les jours, la maladie gagne du terrain. Par phase, elle lui assène des coups de marteau dans la tête, l'empêche de s'asseoir, floute le champ de sa vision. Aucune partie de son corps n'est épargnée. Plus la maladie progresse, plus les crises surviennent fréquemment dans la journée. L'assaillant est partout.

La famille s'organise autour de lui pour affronter chaque nouvelle bataille. Son lit médicalisé est installé au milieu du salon, face à la télévision. Ethan est entouré d'amour. Il le sait. Il a en lui une force qui semble supérieure à tout l'univers. Il apprend à contrôler son corps. Il dompte la douleur avec une pudeur et un calme déconcertants. Il est conscient. Il maîtrise. Il va gagner.

Ethan nous pousse à ne pas abandonner notre idée d'intervenir en milieu hospitalier. « Des jeunes pour des jeunes, ça fait du bien. » Avec Alexandra, nous avons dressé la liste des hôpitaux qui accueillent des patients de notre âge en Île-de-France. Nous passons l'intégralité des pauses déjeuner dans les toilettes du lycée – les premiers locaux de l'association. Chacune prend une cabine. Assise sur l'abattant des toilettes, j'envoie des e-mails à la chaîne. Alexandra passe des coups de fil. Je l'entends tourner en rond et cogner son talon contre le montant de la porte à chaque refus.

Sur la trentaine de structures contactées, nous n'avons obtenu qu'un seul rendez-vous. Il a lieu dans un hôpital qui porte le prénom de mon grand-père. Je m'y attache comme à un signe. Je nous imagine déjà foulant le hall, vêtus de nos T-shirts bordeaux. J'en suis certaine, ce rendez-vous sera décisif.

Mme E., la cadre du service, m'accueille un mercredi après-midi. Nous avons échangé à plusieurs reprises par e-mail, et deux fois au téléphone. Je me sens en confiance. Elle m'écoute avec attention, son sourire me considère, son hochement de tête m'approuve. Elle est douce et gentille. Je suis à l'aise et elle sourit à chacune de mes blagues, Elle a à son actif trois décennies au service de l'hôpital public ; lorsque vient la question de mon âge, elle m'interroge subtilement. Je sens qu'elle ne veut pas briser mon élan.

« Vous rendez-vous compte que vous êtes très jeunes… ?

— Nous n'avons pas fait exprès. »

Je lis dans son regard toute la tendresse du monde. « Aïda doit être fière de vous. » Je frissonne.

Quelques semaines plus tard, nous recevons une lettre de refus standardisée du directeur de l'hôpital. Sur un Post-it, Mme E. a écrit : « Je n'ai pas pu faire aboutir votre demande, car la direction vous trouvait trop jeune. Bonne chance pour la suite. » Pour la première fois, je ne retiens plus mes larmes.

Mes notes au lycée dégringolent. La maladie d'Ethan gagne du terrain, et nous sommes presque arrivés au bout de notre liste d'hôpitaux. Les rangs d'Aïda comptent désormais une centaine de bénévoles. Nous sommes en lien avec soixante jeunes malades en France. Comme la famille d'Ethan, ils nous ont contactés sur les réseaux sociaux. La nuit, je dors peu ; à la maison, je ne parle plus, en cours je somnole. Partout, je suis en colère. Ma professeure de mathématiques est inquiète et me propose de m'aider en faisant la comptabilité d'Aïda[1]. Un autre enseignant me met en lien avec un ami président d'association. Un parent d'élève nous prête un local. Je suis sidérée par tant de sollicitude. Ils ont envie que l'aventure continue. Moi je ne sais plus.

1. Sept ans plus tard, elle est toujours fidèle au poste. Merci Isabelle !

Tous les soirs, avant de m'endormir, j'écris à la mère d'Ethan. Elle m'encourage et m'interdit de me résigner. Elle me répète que nous sommes l'avenir. Maryse est une femme vraie, déchirée par la tristesse. À chaque mot elle vise juste. La vie a creusé en elle un sillon de douleur. Profond. Insupportable. Elle choisit d'y faire germer des pousses d'humanité. Elle donne autant qu'elle souffre, nous aide à grandir.

Un soir d'hiver, elle m'annonce qu'Ethan est condamné.

« Pour lui, c'est la fin. Pour toi, c'est le début. Nourris-toi de sa bataille pour gagner la guerre. Même quand ton cœur saigne, tu as le devoir de le cicatriser. Tu lui dédieras ta réussite. »

Le dernier mot sonne double. Comment sait-on que l'on a réussi ?

À l'école, c'est facile. Mais dans la vie, il n'y a pas de critère, pas de notation, pas d'évaluation. Face à la mort encore moins. Nous sommes tous exactement au même niveau.

Lorsque la maladie lui accorde une trêve, Ethan quitte son lit pour jardiner. Là, il n'est plus dans le contrôle. Avec la nature, il ne cohabite pas. Il fusionne. Dans son fauteuil, il se laisse porter. Il se souvient de ses balades en forêt, de ses vacances au bord de la mer, de ses virées en avion à moteur l'été, dans le Cantal. Chaque instant est vitalité. C'est dans son jardin qu'il se sent le mieux. Le contact de la terre lui fait du bien. Il la prend à pleines mains, la pétrit, puis la laisse filer entre ses doigts. Sa sœur lui tend une jardinière. Avec son index, il marque la terre par endroits. Là, il propose qu'on plante des bulbes de jacinthes. Elles grandiront. Inattendue, une coccinelle chatouille son auriculaire. Elle s'envole. Il fait un vœu. Il demande qu'on l'emmène au fond du jardin. Entre le toboggan et le trampoline, on a repiqué un arbre fruitier. Il s'arrête devant. Il lui semble qu'il a poussé. Il en est heureux et espère qu'il atteindra la taille de son voisin. L'odeur de l'écorce humide l'enveloppe. La brise dans son cou le fait soudain frissonner. Il demande à rentrer. Il aime ces parenthèses où le temps s'arrête. Demain, il recommencera.

Je finis le premier trimestre de l'année en tête de ma classe. En rentrant, je me précipite pour annoncer la nouvelle à Maryse. À mon message d'annonce, j'ajoute une petite pique : « Tout de même, je n'aime pas quand les adultes ont raison. »

Elle répond : « Ce n'est pas une question de raison. C'est une question de sens. »

Je ne dis rien.

Comme j'ai de bonnes notes, on me laisse tranquille. Mes parents m'autorisent à aller rendre visite à Ethan en Normandie. Nous faisons le trajet avec Paul et sa mère. À notre arrivée, Maryse nous explique qu'il a du mal à s'alimenter depuis quelques jours. Nous jouons aux jeux vidéo tout l'après-midi. À *Call of Duty*. La guerre, il s'entraîne à la gagner aussi comme cela. Jamais le mot cancer n'a été prononcé en sa présence. Plus tard, nous apprendrons qu'Ethan est atteint d'un épendymome, une tumeur maligne localisée dans la moelle épinière. Il vient de perdre son grand-père de la même maladie. Pour lui, c'est une maladie de vieux dont on ne guérit pas.

Ethan est mort quelques semaines plus tard, le 6 avril 2016. Paul, sa mère et moi avons refait le trajet. Je suis entrée dans sa chambre pour lui dire au revoir. Il était paisible. Sur sa table de chevet, j'ai reconnu chaque cadeau déposé un à un par mes camarades. À Rouen, ses cousines ont décidé de créer une antenne locale, pour permettre à des jeunes sur place de s'engager. À Paris, nous avons organisé une cérémonie d'adieu et un lâcher de ballons. J'ai écrit sur le mien, en bleu turquoise : « Merci Ethan. »

Un mois plus tard, jour pour jour, j'envoie un e-mail à Thierry Chadeville – le premier et le seul à avoir signé un partenariat avec Aïda – afin d'organiser notre première intervention à l'hôpital. Dans ma poche arrière, je glisse une carte Pokémon.

Beyrouth, 10 août 2012

Nous avions terminé l'année scolaire de cinquième par une fête à trente-deux. L'année suivante commença par une minute de silence à trente et un. Mes parents ne surent jamais comment m'annoncer son départ. Ils ne parvenaient pas à trouver le chemin des mots. Eux-mêmes étaient abasourdis. Nous étions en vacances au bord de la Méditerranée. Je sentais bien que quelque chose avait changé. J'avais plus de permissions, plus d'attention. Il y avait surtout dans leur regard une certaine tendresse empreinte de gravité. Ils devaient sans doute se dire que, treize ans, c'était trop jeune pour commencer à perdre ses amis. Treize ans, c'était trop jeune pour la perdre, Elle.

Smilla partit en plongeant dans l'eau un après-midi ensoleillé d'août 2012, de l'autre côté de ma Méditerranée.

Cet été-là, j'ai beaucoup nagé. Je rêvais de porter les couleurs de la France et du Liban dans des compétitions internationales. Je me surprenais à frissonner en imaginant les hymnes français et libanais résonner dans le stade lorsque je monterais sur le podium. J'imaginais mon père, chronomètre autour du cou, lever les poings en l'air, fou de fierté. Je savais exactement quelle playlist j'écouterais la veille de ma première compétition, et celle que je passerais en boucle le soir de ma victoire.

Intriguée par le calme qui s'installait à la veille de la rentrée scolaire, j'ai questionné une amie pour avoir des nouvelles d'Elle. Sa réponse fit écho au vide abyssal dans lequel le silence de mes parents m'avait plongée. Comme pour vérifier qu'il y avait toujours une trace d'Elle quelque part, j'ai tapé lentement son prénom et son nom sur l'ordinateur. Au départ, j'ai cru à un homonyme.

29 avril 1999

Sa date de naissance.

Ce jour-là, j'ai arrêté la natation.

Cette rentrée de quatrième 1 n'a ressemblé à aucune autre. Nos professeurs nous regardaient avec une tendre gravité. Personne ne savait que dire. Fallait-il risquer de mentionner son prénom en cours ? Nous venions de démarrer l'adolescence, et nous étions l'ombre de nos larmes. « J'ai toujours su que 13, ça portait malheur », avait conclu l'un d'entre nous pour tenter de trouver une explication à ce qui n'en avait pas. Les regards des adultes contre et pour lesquels nous ne pouvions rien nous répétaient que le temps effacerait la douleur. Qu'un jour nous grandirions, et que nous tournerions la page. Mais nous, nous ne voulions pas de ce temps qui nous éloignait d'Elle. Du son de sa voix. De son rire. De nos moments ensemble. Du temps où nous étions innocents.

Au fur et à mesure que le silence gagnait du terrain, nous nous enfoncions dans le quotidien d'une année comme une autre. Seuls les temps collectifs appelaient au recueillement et nous sortaient du mensonge de la banalité. On dit souvent que l'adolescence est l'âge des premières fois. Du premier amour. Des premières expériences. Des premières déceptions. Nous avons vécu ces premières fois, mais il suffisait de nous regarder pour savoir que nous étions à jamais marqués par l'absence.

Depuis cette année de quatrième, je n'ai nagé qu'une seule fois. Sept kilomètres pour les sept ans de son départ. J'ai longé les côtes de la mer Méditerranée avec la peur de me noyer, et l'espoir de l'y retrouver. L'ombre de mon corps reflétée dans l'immense bleu, son pendentif autour du cou, et mes larmes mêlées au sel de celles de la mer.

3

Ne pas mettre de parfum

La mort d'Ethan a l'effet d'un tsunami dans ma promotion. Pour la première fois, nous affrontons la réalité : le cancer peut tuer des jeunes de notre âge. Pendant quatorze mois, nous avons vécu accrochés à ses nouvelles, organisant nos vies de lycéens au rythme de la sienne. Le lendemain de son décès, je reste blottie dans la chaleur de ma couette. Je ne veux pas aller à l'école. Ma mère allume la lumière dans ma chambre et me signifie que je vais être en retard. Je me cache sous mon oreiller et le plaque de toutes mes forces sur ma tête. Personne ne me fera sortir. Mon réveil sonne, je le fracasse au sol ; la vitre en plastique vole en éclats. Je me rendors.

Ethan est là, dans son jardin. Il soigne un plant de tomates. Le réveil gémit. Dans un demi-sommeil, je tends le bras pour l'achever. Ethan est à côté de moi, dans ma chambre. Il m'encourage d'abord, puis m'ordonne d'aller en cours. Lui, il aime ça, l'école. L'alarme pousse un dernier râle. Ethan disparaît.

Dehors, le monde me paraît triste, sans couleur, sans saveur. Tout mon corps est aux aguets, à l'affût du moindre signe qui viendra confirmer qu'Ethan a été et n'est plus. Au pied de l'immeuble, mes voisins me saluent avec un grand sourire. Un peu plus loin, une femme m'arrête pour se renseigner sur la bouche de métro la plus proche. À chaque croisement de rue, je cherche désespérément la douleur dans le regard des passants. Leur routine m'aveugle, leur ignorance me glace. Je ne comprends pas comment le monde peut continuer à tourner alors que celui d'Ethan s'est arrêté. Des voitures circulent, klaxonnent, et le feu tricolore régule la circulation. Vert. Rouge piéton. Orange. Rouge. Vert piéton. Je ne bouge pas, les couleurs se mélangent. Orange. Vert piéton. Vert. Rouge. Rouge piéton. Dansent. Vert, rouge, orange. Je vois flou. Un enfant pleure, je sursaute. Une jeune femme le prend dans ses bras. Il y a quelque chose dans son geste qui me réconforte. Alexandra et Éloi me rejoignent, leur présence me fait du bien. C'est notre moment à nous.

Au lycée, la vie continue aussi. La sonnerie retentit deux fois – à 8 h 20, puis cinq minutes plus tard. Les couloirs se remplissent, les cours se succèdent, les professeurs entrent et sortent. Ils dispensent leur enseignement tandis que nous les regardons, hébétés. Je ne comprends pas pourquoi nous sommes là. Nous vivons décalés. En cours de mathématiques, je serre les dents et raye mon pupitre avec un compas. Je n'en veux à personne. Je suis ailleurs. La pointe trace un sillon sur ma table. À chaque passage, une poussière de bois se dépose le long du trait. Je creuse plus profond. J'ai mal pour elle, mais la mécanique du geste m'apaise. La prof claque des doigts plusieurs fois pour me faire sortir de mes pensées. Sans succès. Elle comprend qu'elle ne tirera rien de ses élèves aujourd'hui. Une partie de la classe est ailleurs. L'autre, pour combler le vide sans doute, est odieuse. Interrogation surprise. Dans un des exercices, nous devons calculer la probabilité qu'un élève tombe sur un roman policier français dans une bibliothèque sachant que… 5 000 livres… 30 romans policiers… 9 auteurs français… L'élève s'appelle Ethan. Je suis bloquée. Je lève les yeux : les regards de mes camarades sont fixés sur moi. Je suis tétanisée en voyant Ethan faire irruption dans notre salle de cours si facilement. J'ai 4/20.

Nous approchons de la fin de l'année scolaire et découvrons jour après jour un chemin balisé : une dernière carte Pokémon sous l'estrade, un rayon de soleil que la météo n'a pas anticipé, un nuage-cœur qui se dessine pendant une récréation. Nous nous accrochons à ces signes pour raccrocher le chemin. C'est un jeu de piste. Il faut être attentif, ne pas rater d'indice, persévérer coûte que coûte. Chaque étape nous conforte. Nous avançons dans le bon sens. Il y a un sens.

Quelques semaines après le décès d'Ethan, je croise la maman de Smilla dans la rue. Je ne la reconnais pas d'abord. Ses cheveux n'ont plus de couleur, elle a beaucoup minci. La dernière fois que je l'ai vue, j'étais en quatrième. Luisa a gardé sa fossette et ses yeux lumineux ; j'y retrouve ceux de sa fille. Lorsque je la rencontre, tout mon corps se fige. Il ne faut surtout pas qu'elle voie que j'ai grandi. Ça lui ferait trop mal. Je dois me rétrécir, cesser de respirer, disparaître. Trop tard ! Elle m'a vue et sourit tendrement. Je m'arrête, elle me prend dans ses bras. Elle ne dit rien. Une larme coule sur sa joue. Je retiens les miennes. Pas devant elle. Luisa respire, essuie son visage, prend le mien entre ses mains. Silence nourri de souvenirs.

« Tu n'oublies pas de prendre soin de toi, n'est-ce pas ? »

Je l'écoute, je suis incapable de parler. Elle connaît l'association et la suit de près, sans que je le sache. C'est sa façon de garder le lien. Elle sait que beaucoup d'amis de Smilla y sont engagés. Au moment où nous lancerons nos premières formations pour accompagner l'engagement de bénévoles à l'hôpital, l'année suivante, je comprendrai qu'elle avait raison : prendre soin de soi, c'est prendre soin des autres. Pour l'instant, je n'y arrive pas. Cela doit pouvoir s'apprendre.

Au fil du temps, la vie reprend le dessus. Le monde est différent, mais il n'a pas changé. La seule chose qui ait évolué, c'est mon appétit. Je mange tout le temps. N'importe quoi, n'importe comment, n'importe où. Des bols de céréales au milieu de la nuit, des barres chocolatées en intercours, des crêpes industrielles en rentrant le soir, à la chaîne des barquettes de frites réchauffées au micro-ondes, ou des boîtes entières de portions de fromage fondu. La nourriture me tient compagnie, me rassure. Une bouchée en appelle une autre. Je ne peux plus m'arrêter. Je mange comme je respire.

Ma mère l'a remarqué, et cache soigneusement les objets de tentation. Je supporte mal ce genre de situation ; je cherche, donc je trouve, et je cache à mon tour. Jeu de cache-cache.

Sur le terrain, les actions d'Aïda s'enchaînent. La mort d'Ethan et les messages postés ont secoué les réseaux. De plus en plus de jeunes nous écrivent directement pour recevoir des visites, ou passent par l'intermédiaire de leurs parents. À Annemasse, nous rencontrons Ambre et sa famille ; à Nancy, Imane et ses proches ; à Toulouse, nous accompagnons Coralie ; à Rennes, Paul ; à Lille, nous faisons la connaissance d'Evan et de sa sœur ; à Villejuif, celle de Wassim. Chaque rendez-vous est unique, chaque histoire est différente. Des quatre coins de France, elles se croisent, se font écho. Toutes ont un point commun : la maladie chamboule tout. Il y a un avant, il y aura un après. Je comprends que nous ne sommes qu'une étape, un point d'accroche, une parenthèse.

Dans les hôpitaux qui acceptent désormais notre venue, nous organisons des activités en soirée. Attrape-rêves, karaokés, tournois de Mario Kart, sessions d'impro. Nos bénévoles se rendent disponibles une fois par semaine. Ils ne savent pas toujours comment s'y prendre, mais le contact à l'hôpital se noue, naturellement.

Le planning est administré par Céleste, une grande blonde à lunettes dynamique et enthousiaste, que j'ai rencontrée quelques mois auparavant. Elle a connu Aïda par les réseaux sociaux et organisé dans son lycée un repas solidaire pour soutenir nos actions. Nous avons passé les vacances de printemps ensemble à l'hôpital où nous avons effectué des missions quotidiennes. Après notre dernière visite, je lui ai proposé d'organiser nos actions, ce qu'elle a aussitôt accepté. Jusqu'à son entrée dans la vie professionnelle, elle s'y consacre, et s'occupe – quelques années après le début de son engagement – de nos relations avec près de trente hôpitaux, aidée d'une équipe de quinze bénévoles.

Nous prolongeons aussi ces actions à l'hôpital par un accompagnement à domicile. Quand nous le pouvons, nous y ajoutons un supplément d'âme. Un taxi pour Mohammed qui souhaite voir ses proches pendant sa perm du week-end, une soirée d'anniversaire surprise pour Lydia, une fête pour la dernière cure de chimio de Marlène…

À la rentrée scolaire 2016, la deuxième depuis la création d'Aïda, nous recevons une demande particulière d'un hôpital parisien. Elle émane d'un médecin que je ne connais pas.

Chère équipe d'Aïda,

J'ai dans mon service une jeune femme du nom de Sofia, qui prépare comme vous, je crois, le baccalauréat. Elle a raté les portes ouvertes de l'école d'ingénieur dans laquelle elle souhaite entrer, car elle était en aplasie[1]*. Nous avons contacté l'établissement – qui n'a pas souhaité donner suite à nos appels. Pourriez-vous faire quelque chose pour nous aider ?*

Dr Monique

Cette fois, nous sommes missionnés. Précisément. Ma première rencontre avec Sofia a lieu une semaine après sa sortie de la chambre stérile où elle a passé plusieurs jours, coupée du reste du monde. Le refus qu'elle vient

1. Diminution de la production des cellules sanguines (globules rouges, blancs et/ou plaquettes). Cela entraîne une baisse des défenses immunitaires, une grande fatigue et des risques de saignements importants. C'est un effet secondaire de certaines chimiothérapies. (source : www.associationaida.org)

d'essuyer l'a blessée. Elle est révoltée par cette injuste indifférence, elle s'est terrée dans le silence, en colère. Elle a même imposé à sa mère de s'installer dans un hôtel, car elle ne veut pas la voir quotidiennement à l'hôpital.

Mère et fille sont venues il y a six mois du sud de la France pour permettre à Sofia de suivre un protocole innovant, celui de la dernière chance. En pénétrant dans sa chambre pour la première fois, je suis stupéfaite : Sofia révise ses cours, seule. Au milieu d'une flopée de fiches multicolores, elle est assise en tailleur sur son lit. Je reconnais les frises chronologiques de la guerre de 39-45, les séries interminables d'équations mathématiques, les formules obscures de chimie. Elle récite à voix haute. De sa main droite, elle cache le papier bristol et, après chaque déclamation, vérifie la réponse.

Sofia ne me calcule pas. Je reste sur le seuil de la porte. À chaque réponse juste, un sourire adoucit son air renfrogné. Elle a les cheveux courts, presque rasés, et porte un débardeur bleu rayé de blanc sur un jean serré. Elle est prisonnière d'un enchevêtrement de fils reliés à une machine, et, sur son bras gauche, une aiguille perce sa peau couverte de bleus. Elle ne s'en soucie pas. Elle continue à travailler et répète inlassablement ses réponses. Elle est douée, mais, quand elle se trompe, elle s'agace, froisse la fiche et la jette d'un coup au fond de la pièce. Un tas s'est formé. Elle ne semble pas le voir.

Ce qui la préoccupe, c'est le bruit que fait son camarade de soin. Il s'appelle Sacha, et je le reconnais, car nous nous sommes rencontrés dans un autre hôpital quelques mois auparavant. Je ne l'avais pas vu jusqu'alors, j'étais concentrée sur Sofia et ne savais pas qu'il était encore en traitement. Pour passer le temps, il écoute de la musique, sans casque. Du piano d'abord, de la pop ensuite, du métal enfin. Je devine qu'il le fait exprès pour agacer Sofia, il veut attirer son attention. Je lui fais signe de nous laisser seules, et en sortant de la chambre, il me tape amicalement sur l'épaule. Sofia, elle, reste dans sa bulle.

Elle ne s'intéresse pas à ma présence, alors je décide de l'interrompre dans ses révisions. Elle me foudroie du regard. Je recule. Elle est plus forte, plus belle, plus intelligente que n'importe qui. Elle est au-dessus de moi. Dans la chambre, elle a froid. Je lui tends un sweat-shirt siglé Aïda pour tenter d'entamer la conversation. Elle poursuit sa tâche, je me sens de trop. Je persévère néanmoins et explique à Sofia qu'Anouchka, la sœur aînée d'un bénévole, étudie dans l'école de ses rêves. Grâce à elle, nous espérons trouver un moyen de lui faire visiter le campus. Immédiatement Sofia relève la tête. Son expression se détend, ses yeux m'interrogent.

« Est-ce que Sacha peut venir avec nous ? »

Infiltrer l'école n'a pas été chose facile. Anouchka contacte les services administratifs à de nombreuses reprises. D'abord, on lui fait savoir qu'aucun « tiers extérieur » n'est admis dans les locaux en dehors des journées portes ouvertes, qui n'ont lieu qu'une fois par an. Naïvement, elle relance, en expliquant la situation médicale de Sofia. Son e-mail reste sans réponse. Anouchka est furieuse mais déterminée : elle recommence en joignant cette fois la lettre du Dr Monique. Message d'absence automatique. Désemparée, Anouchka ne comprend pas pourquoi chacun ne peut disposer des mêmes chances.

Sofia est brillante. Il y a quelques années, depuis l'hôpital, elle a obtenu son brevet avec les félicitations du jury. Sur son bulletin, elle a moins de notes, mais elles sont excellentes. Plus d'absences, mais elles sont toutes justifiées. Ses professeurs de lycée croient en elle, se relaient ; ils savent qu'elle a du potentiel. Ils sont les seuls auxquels elle ne jette pas un regard noir lorsqu'ils entrent dans sa chambre. Pour nous, il est inconcevable que Sofia ne puisse pas visiter cette école. Nous décidons de ruser.

Anouchka a plus à perdre que moi, mais elle ne lâche pas. Elle emprunte à l'une de ses camarades sa carte d'étudiante. Avec Sacha, nous la déplastifions, découpons une photo d'identité de Sofia, que nous positionnons avec une pince à épiler sur la carte, puis nous la passons sous la plastifieuse de la salle patients. À ce moment, le Dr Monique passe dans le couloir, fronce les sourcils, nous jette un regard dubitatif et, finalement, nous adresse un sourire complice.

Sacha et Sofia obtiennent une permission de sortie quelques semaines plus tard. Sofia a proposé à sa mère de se joindre à nous : elles recollent les morceaux. Anouchka et Sofia entrent avec leur précieux sésame, et nous les attendons tous les trois devant, assis sur un banc. J'en profite pour prendre des nouvelles de Sacha. Il porte invariablement le même bonnet gris anthracite qui fait ressortir ses yeux bleus. Je crois qu'ils s'aiment bien, avec Sofia ; il ne me parle que d'elle. Il m'apprend qu'elle rêve secrètement de devenir astronaute. Elle n'en parle pas, car elle sait que les places sont rares. Elle ne pourrait pas supporter de décevoir ses proches.

« La pitié l'insupporte depuis le début des traitements », explique sa mère.

Avant, elle ne se souciait pas du regard des autres. Elle était libre.

Sacha et elle sont tombés malades en même temps. Lui vient du Nord, elle du Sud. Ils s'équilibrent. Il sait qu'il va bientôt rentrer chez lui, il a peur de la laisser. Son cancer à elle est plus agressif. Elle enchaîne les mauvaises nouvelles. Lui n'a eu « que deux chirurgies et trois cures de chimio ». Pas de rayons. Certains soirs, il aimerait bien échanger, porter sa douleur, la libérer. Il l'aime.

À ce moment, Sofia sort du bâtiment, elle rayonne. Les locaux sont « dingues », les élèves « cool », Anouchka lui a même présenté plusieurs professeurs. Ils ont regardé le dossier de Sofia et ont été impressionnés par ses résultats.

« C'est ici que je veux être, et seulement ici. Après ma prépa, je serai ici, Maman ! »

Je lis dans le regard de sa mère toute l'incertitude du monde. Elle aimerait avoir l'assurance que sa fille sera encore là dans quelques années. Libre, libérée – c'est tout ce qu'elle demande. Le reste est bonus.

Nous organisons les premiers événements officiels de collecte de fonds. Alexandra et Éloi se chargent avec moi de l'orchestration de la première soirée caritative. L'entrée est fixée à cinq euros ; elle permet d'assister à un concert et de profiter d'une boisson. Des personnalités du monde de la musique et du journalisme acceptent de participer gracieusement. Olympe, récent finaliste de *The Voice*, Henri qui a suivi ses traces dans la version « kids » de l'émission, deux groupes de rock animés par les élèves de mon lycée et mon ami Armand, DJ à ses heures perdues, qui clôture la soirée. Le tout est animé par Charlotte Namura, alors journaliste sur TF1. Nous l'avons contactée sur Facebook, elle a tout de suite dit oui. Les festivités vont se dérouler dans un bar parisien dont le directeur reversera tous les bénéfices à Aïda.

« C'est ma façon à moi d'être utile », me dit-il en me secouant la main avec enthousiasme.

Sur place, une file d'attente se forme. Ils sont près de cinq cents à vouloir entrer. Dans la rue, je reconnais les visages de bénévoles, de professeurs, d'amis de la famille. Simon lance une ola : « C'est chez Aïda qu'on gueule, qu'on gueule, c'est chez Aïda qu'on gueule le plus fort ! » Des passants s'arrêtent, étonnés. Depuis les attentats du 13 novembre, les rassemblements sur la voie publique sont interdits.

Aïda est née trois jours après les attentats de *Charlie Hebdo*. Nous vivons notre engagement en miroir de l'état d'urgence et des crises successives, dans l'ombre de Vigipirate, au rythme des exercices d'évacuation au lycée.

Éloi, Alexandra et moi nous pressons de faire entrer la foule qui se bouscule, rit, chante et danse. L'ambiance me galvanise, je suis moins intimidée qu'à mon habitude. À l'intérieur, quelques jeunes accompagnés par Aïda sont déjà présents. Sofia et Sacha prennent place au premier rang, masqués, et font un cœur avec leurs doigts. Ils nous ont fait la surprise de venir. Le batteur leur dédie la soirée tandis que les musiciens prennent place. Une équipe de soignants a fait le déplacement aussi. Je ne les reconnais pas tout de suite sans leur blouse blanche ; c'est la première fois que nous nous rencontrons en dehors de l'hôpital. Sur scène, je prends le micro pour les remercier, ils sont ovationnés. Une minute de bruit.

Dans le regard de mes parents – qui ont tenu à être là –, je perçois de l'émotion. Dès que je descends de l'estrade, mon regard se pose sur le pouce levé de mon grand-père, le mari d'Aïda. Il est assis au milieu d'une jeunesse qu'il regarde avec émerveillement. Autour de lui, le prénom de sa femme est omniprésent. Ses yeux pétillent, il soulève le chapeau qu'il ne quitte jamais. C'est sa façon de me dire bravo.

Sur les écrans du bar, le match France-Roumanie arrive à la mi-temps. 0-0. C'est le coup d'envoi de l'Euro 2016. Je sais qu'au même moment nos bénévoles le regardent depuis plusieurs hôpitaux parisiens. Quelques participants profitent du soleil couchant pour boire un verre en terrasse. *Highway to Hell* résonne dans tout le restaurant. Les murs et le sol tremblent. J'observe mon grand-père bouger la tête en rythme. 1-1. Le match est serré, la salle déborde de générosité. 2-1. Dimitri Payet marque un but, *standing ovation*. Même les musiciens s'arrêtent de jouer et hurlent de joie. Un bénévole enlève son T-shirt bordeaux et le fait tourner dans les airs. Il atterrit sur mon grand-père qui réplique le geste. Le contexte est grave mais les âmes sont légères. En harmonie.

À quelques semaines du bac, nous multiplions les événements similaires partout en France. À Paris, Astrid et Awa supervisent un paintball solidaire. Sur fond de compétition sportive, Éloi, Gaspard et Amine organisent un tournoi de football. Trois cents jeunes se retrouvent pour s'affronter en équipes. Parmi les participants, je ne connais quasiment personne. La mobilisation me sidère. À Toulouse, une vingtaine de bénévoles relèvent le défi de courir cinq ou dix kilomètres. Autour de leurs bras, ils arborent fièrement un brassard bordeaux cousu main par celle qui fut notre professeur de petite section de maternelle. Elle a tenu elle aussi à apporter sa pierre.

Les mois passent, et Sofia se noie dans le travail. Elle connaît ses cours sur le bout des doigts, enchaîne les cures de chimio, fait des allers-retours entre différents hôpitaux, passe ses évaluations à distance. Elle ne veut pas perdre de temps sur sa scolarité. Certes, la priorité est au soin. Mais hors de l'hôpital, elle sait que le monde continue à tourner. Elle veut passer son bac, intégrer son école d'ingénieur, devenir astronaute. Elle s'y accroche comme à la vie.

Un mercredi après-midi de révisions communes, comme nous en avons désormais l'habitude, je remarque que Sofia lutte pour se concentrer. Subitement, elle est prise de violentes nausées. Autour d'elle, tout tangue. À chaque vague, elle doit s'arrêter dans sa lecture. « Chimio de merde ! Quand je pense que je ne peux plus mettre de parfum à cause de ces foutus traitements, ils me donnent la gerbe. »

Ne pas mettre de parfum : nous avons raison d'être attentifs à ce point. Nouvelle onde de choc. Pour faire diversion, Sofia me tend une photographie d'elle sur la plage. « Regarde. L'autre Sofia. »

Elle ressemble à toutes les *populaires* du lycée. Le cliché a été pris en Corse quelques mois avant l'annonce de la maladie. Sofia allait avoir quatorze ans, ses épais cheveux bruns ondulaient le long de ses épaules dénudées, elle portait à merveille un maillot deux-pièces qui mettait en valeur sa peau mate et ses jambes fines.

Elle aurait préféré que Sacha la rencontre à ce moment-là. Dans la tempête du cancer, Sofia a traversé l'adolescence. Aujourd'hui, elle est une femme. Depuis le début de ses traitements, il y a eu tant de transformations à apprivoiser. Ses premières règles sont apparues quelques jours après l'annonce de la maladie. C'est l'infirmière du service qui l'a aidée. Dans sa famille, on ne parle pas de ces choses-là. Le sang, c'est sale. À cause de la chimio, elle a l'impression d'être revenue en arrière : elle n'a plus de règles. Son corps a changé au prisme du cancer, a accueilli les formes qui sont venues s'y loger et les courbes qu'il dessine désormais. Sa poitrine naissante, elle, porte le stigmate de la maladie. Le port-à-cath la gêne. Devant Sacha, elle ose à peine se dénuder, elle ne veut pas qu'il voie sa cicatrice. Pourtant, il a la même.

Cet après-midi, elle est pâle, fatiguée. À chaque respiration, elle serre les dents et ravale sa bile. Je ne sais comment l'aider. Elle se soulève, avance vers la salle de bains, et se brise contre la glace. Elle pose ses mains autour du lavabo et regarde fixement le miroir. Elle se revoit belle, brillante, sportive. Il lui semble que c'était il y a une éternité.

Pourtant, au poste de soins, les soignants ne jurent que par son prénom. Quelque chose chez elle intrigue. Elle est tout à la fois douce et coléreuse, légère et profonde, accessible et mystérieuse. C'est le genre de jeune femme que l'on a l'impression d'avoir déjà croisée dans un film, dans une vie antérieure, dans la rue. À chaque fois, elle joue le rôle principal sans que personne ne la connaisse vraiment. Sous sa carapace, Sofia aime la fête. Toutes les nuits, elle rêve d'une vie insouciante où elle flâne, aime, s'envole, effleure une légèreté à la hauteur de la réalité que lui impose la maladie.

« Quand je serai astronaute, je ferai un don à Aïda, t'inquiète. »

Sofia veut rendre en retour. Elle sait que, quelle que soit l'issue, d'autres passeront après elle dans sa chambre. Elle veut être leur héroïne, celle qu'ils citeront pendant leur oral de LV2 comme une figure qu'ils admirent. *Me encatara ser como Sofia. I would like to look like Sofia. Ich würde gern wie Sofia aussehen.* Elle veut être un modèle. Elle doit être une référence. Et moi, j'ai envie de lui ressembler.

J'ai longtemps voulu ressembler à Aïda, aussi. Sur le mur de mon bureau parisien, j'ai suspendu une photo de ma grand-mère, tête posée contre la mienne. Aujourd'hui, les visiteurs qui croisent le chemin de ce portrait familial s'exclament : « Comme elle était belle ! »

Je souris à chaque fois avec fierté. Aïda, c'est véritablement la grand-mère que toute petite fille veut absolument imiter. Enfant, j'ai souvent eu l'impression d'être son opposée.

« Un vrai petit garçon manqué. »

Nous avions le même sang, pourtant nous n'étions pas de la même étoffe. Pour fêter mon bulletin de notes – « excellent » –, elle m'avait emmenée choisir ma première paire de lunettes de soleil. Elle ne supportait plus de me voir plisser les yeux lorsque je marchais dans les rues de Beyrouth.

« Arrête, sinon à trente ans, tu auras des rides. »

Avant notre après-midi entre filles, elle s'était renseignée sur les tendances actuelles de ma génération.

Il fallait choisir une monture avec des verres miroirs. C'était la seule consigne.

« C'est très à la mode », a-t-elle affirmé en roulant le r, comme à chaque fois.

Ma grand-mère aimait trouver mille et une façons de rappeler que dans sa tête elle était bien plus jeune que moi. Dans le magasin, il m'a semblé avoir essayé toutes les paires de lunettes qui pouvaient correspondre à la description. Nous avons finalement opté pour une paire orange et noire aux verres bleus. Elles étaient trop grandes, mais c'était un moyen de m'affirmer. Trop voyantes, j'existais. Je voulais plaire à Aïda, me rapprocher d'elle. Ma mère ne comprit jamais pourquoi nous les avions choisies mais n'osa sans doute pas me refroidir dans mon élan. Les montures ne quittèrent pratiquement jamais leur étui. Je ne voyais rien avec, je suis myope.

Les lunettes, pour Aïda, étaient un accessoire essentiel. Sa paire fétiche – des lunettes imposantes qui lui mangeaient le visage – était soigneusement rangée dans son dressing. Celui-ci occupait la place centrale dans son appartement étriqué. Certains après-midi d'hiver, alors que les adultes discutaient dans le salon, je m'éclipsais discrètement pour rejoindre cet antre de la mode. J'étais fascinée. Il était plus grand que sa chambre, et tout l'espace était mis à profit, organisé dans les moindres détails. Chaque tailleur, chaque paire de chaussures, chaque foulard y était méthodiquement exposé si bien qu'Aïda pouvait nous y missionner avec une feuille de route précise. Nous ne pouvions pas nous tromper. J'aimais me perdre au milieu de ses robes légères, de ses vestes en tweed, de ses joggings réservés au dimanche. Je tombais systématiquement en arrêt devant sa pile impeccable de T-shirts de sport roses et jaune fluo. Ma grand-mère avait le don de rendre raffinées les pièces les plus insignifiantes.

« Quand on a du goût, on peut tout assortir. »

Une échelle coulissante en bois permettait d'atteindre les étagères en hauteur. J'en grimpais vaillamment les barreaux mais dès le troisième, j'avais le vertige. Alors je fermais les yeux, me hissais sur la pointe des pieds, serrais le montant d'une main, et tâtonnais le rebord de la penderie de l'autre. J'effleurais alors le grain des sacs à main alignés, le froid des chaussures vernies de cérémonie, la douceur des *abayas* aux fils d'or. Chaque tenue dévoilait l'une de ses facettes. Aïda aimait se montrer sous son jour le plus favorable et s'ingéniait à associer brillamment les pièces de sa garde-robe. Rien n'était abandonné au hasard. Elle y consacrait des heures mais était toujours ponctuelle. Son style était reconnaissable entre mille. Mythique. Pour parfaire sa tenue, elle choisissait des bijoux presque trop voyants et une étole coordonnée. Bleu turquoise, pourpre, gris chiné. À côté, une écharpe noire, recouverte de milliers de têtes de mort blanches. Elle m'ensorcelait. « Elle t'irait bien, je trouve », affirma ma grand-mère. Je n'osai pas l'essayer. Elle insista, tout en sortant son bâton de rouge à lèvres.

C'était la touche finale. Elle n'avait besoin que de quelques minutes pour se maquiller. Devant le miroir, elle passait rapidement un nuage de poudre rosée sur ses pommettes, se fardait les paupières, et agrandissait ses yeux avec un crayon noir. Son rouge à lèvres ne filait jamais. Il suivait précisément la courbe de ses lèvres. Devant la glace, elle souriait exagérément pour vérifier qu'aucune trace rouge ne maculait ses dents. Je la regardais, captivée. Aïda était une artiste. Alors, et seulement à ce moment précis, elle détachait ses bigoudis multicolores qui libéraient ses épais cheveux brun foncé.

À sa mort, j'ai hérité de cette écharpe noire aux têtes de mort blanches. En tombant dessus quelques années plus tard, je l'ai trouvée laide. C'était le début de l'adolescence.

« Ta grand-mère aurait aimé que tu la portes. »

J'ai mordu ma lèvre inférieure pour ne pas rire. La dernière fois que j'avais vu Aïda la porter, c'était à l'enterrement d'une de ses amies d'enfance avec laquelle elle avait écumé les soirées beyrouthines. Elle était une des rares personnes à pouvoir se permettre ce genre d'originalité. Elle avait de l'humour. L'écharpe était encore imprégnée de son parfum. *Oscar*, par Oscar de la Renta. Une fragrance fleurie, sucrée, légèrement épicée. Sa note de fond, faite de bois de santal et de patchouli, le rendait persistant, entêtant, envahissant parfois. On aurait pu croire qu'il avait été créé pour elle. C'était la rencontre entre une Aïda parfaite et une alchimie absolue. M. de la Renta est mort le 20 octobre 2014, cinq jours avant ma grand-mère. Pour faire plaisir à ma mère, j'ai pris l'écharpe, je l'ai rangée.

Plus tard, lorsque j'ai quitté la maison, je l'ai exhumée pour la fourrer dans un carton de déménagement. Il flottait encore dans l'air une impression envoûtante. Trop présente. Une empreinte impalpable. Trop absente. Je l'ai attachée autour de mon cou, j'étais perplexe, mal à l'aise, mais fière de moi.

« Au moins, tu as un style ! » a ironisé Alexandra qui m'aidait à déménager.

Ma vie avec Aïda s'est arrêtée à quatorze ans. De ma période d'adolescente et de jeune adulte, elle n'a rien vécu. Avec elle, il me reste quelques souvenirs. Je m'y accroche. Certains reviennent en écrivant. D'autres se sont effacés avec le temps ; ceux-là, on me les raconte.

Sacha a rejoint ses parents à Lille. Les traitements sont terminés, il n'y a plus trace de cellules cancéreuses dans son corps. Il est sous traitement d'entretien et doit se rendre à des examens de contrôle réguliers. C'est le début d'une autre vie, qu'il ne veut pas construire sans Sofia. En quittant le service, il l'embrasse sur la joue. On devine qu'il veut aller plus loin, mais ils gardent leurs moments d'intimité pour eux. Cela suffit toutefois pour que les soignants, les bénévoles présents et les jeunes du service se mettent à siffler et taper du pied. Tout l'hôpital est témoin auditif de la scène. Je ne peux plus m'arrêter de sourire, et le Dr Monique me fait remarquer que j'ai la larme à l'œil. Je prétexte l'allergie au pollen, il m'en faut plus.

En partant, je dépose à Sofia quelques cartes de géographie fichées pendant le week-end. Elle est concentrée sur la décoration de sa chambre. Avant de partir, Sacha lui a offert quelques étoiles fluorescentes. Une par une, elle les accroche aux murs de la pièce. Un truc de gamin.

« Tu as déteint sur moi, Moukanas. C'est grave. »

La voix d'Amel Bent s'échappe des enceintes. « Viser la lune, ça ne me fait pas peur. » Sofia un jour aussi quittera cette chambre. « Même à l'usure, j'y crois encore et encore. » Ainsi va la danse de l'hôpital. Des entrées et des sorties. Des patients qui partent, d'autres qui arrivent. Certains avec lesquels on garde le lien, d'autres que l'on perd de vue. « Des sacrifices, s'il le faut j'en ferai. » Elle ne connaît rien de son prédécesseur, la neutralité de la chambre l'a effacé. Pourtant, à l'hôpital, la chambre est comme un refuge. Elle décore la sienne. « J'en ai déjà fait. » Elle veut laisser une trace. « Toujours le poing levé. »

Sofia et moi obtenons notre bac quelques semaines plus tard. Elle parvient même à décrocher une mention. *Bien*. Elle s'en satisfait, même si elle méritait mieux. Devant le tableau de résultats, je retiens mon souffle. Mon doigt glisse sur la ligne qui porte mon prénom. Je suis délivrée du lycée, j'ai l'impression que nous avons surmonté ensemble les pires années de nos vies. Je me sens invincible. L'été rayonne et sa chaleur m'enveloppe.

Ces derniers mois ont été intenses. Nous comptons désormais dans nos rangs près de deux cents bénévoles parisiens et sollicitons d'autres structures hospitalières pour y intervenir de façon régulière. Elles acceptent rapidement. L'écosystème commence à entendre parler de ces jeunes qui s'engagent contre le cancer. Ailleurs en France, d'autres lycéens veulent se lancer. Gabrielle ouvre une antenne à Toulouse, Inès à Bordeaux, son homonyme à Marseille. La dynamique prend.

Pourtant, je me sens souvent impuissante. Ces moments que nous partageons sont si peu. Ils font du bien, on ne cesse de nous le répéter, mais je voudrais que nous soyons capables de donner davantage. J'apprends que Farida a arrêté le théâtre faute de temps, que Sofiane s'est fait larguer « car il aimait trop Aïda ». Je veux construire mais je dois être vigilante et préserver ceux qui s'engagent avec moi. Nous consacrons tout notre temps libre à l'hôpital. Il m'arrive d'y passer le matin ou à l'heure du déjeuner. J'essaie de me démultiplier, je veux accompagner au plus près chaque bénévole qui s'y rend.

Mon bac en poche, j'écris à nouveau à Thierry, de la clinique Édouard-Rist. Revenons aux sources. Pour mieux comprendre le fonctionnement d'une structure hospitalière et les besoins des jeunes qui y sont hospitalisés, je lui demande de m'accueillir en stage. Pendant deux mois, je vis l'hôpital différemment. J'apprends la journée, je prolonge la nuit. Je découvre les services, côtoie les patients avec une autre casquette, me lie d'amitié avec les soignants. L'hôpital souffre. Il est maintenu en vie par ses blouses blanches. Elles sont épuisées, elles ont des rêves et voudraient faire plus. « On est face à une montagne tellement immense, il faut la gravir étape par étape. Fractionner. Avancer ensemble et se faire confiance. Essaie, tu verras ! »

À l'hôpital, je fais aussi la connaissance de Marie-Cécile, infirmière de coordination. Nous sympathisons. Elle prend du temps pour Aïda, elle y croit. Dans son bureau, elle m'accueille avec bonhomie. Chez elle, tout est doux, même sa voix. Assise face à moi, elle remonte les lunettes rondes qui glissent sur l'arête de son nez et me sourit franchement. Les murs de la pièce sont recouverts de dizaines de dépliants et de prospectus présentant diverses associations. Mon regard s'accroche à l'un d'eux. Je le reconnais entre tous. Nous avons passé des heures à l'écrire, à le relire, à le faire relire. J'ai vérifié méticuleusement chaque paragraphe. Nous voulions qu'il soit parfait, c'était la première fois que nous tirions un document à mille exemplaires. Une semaine plus tard, nous avons réceptionné avec fierté le carton contenant nos flyers. Nous avions hâte de le découvrir. Catastrophe. Il était imprimé dans le mauvais sens, tête bêche ! Alexandra a éclaté de rire, Éloi a blêmi. Je n'ai rien dit. Pas de gâchis, nous les avons distribués. Chaque centime compte, s'économise, aide à nos actions sur le terrain. Je suis émue de voir notre logo exposé dans le bureau d'un soignant. En soi, ce n'est rien. Pour moi, c'est la concrétisation du chemin parcouru en deux ans.

Aïda appartient donc au monde des *vraies* associations. J'ai hâte de le raconter aux autres. Au fil des mois, Marie-Cécile me conseille, prend le temps, elle qui en a peu.

« Dans toute association, un bénévole doit savoir quelle est sa place, comprendre pourquoi il est là, comment il s'engage – surtout quand ce sont des jeunes vis-à-vis d'autres jeunes. »

Pendant mon stage, je m'exerce à garder la juste distance avec chacun, à accompagner du mieux que je peux. J'apprends à mêler affection et humour, compassion et pudeur, empathie et réserve. Ce n'est pas toujours facile, mais c'est indispensable. Il faut avancer sur le fil. Ça s'apprend.

Désormais, trop d'événements avec Aïda se télescopent dans une même journée. Je ne peux pas être partout et comprends, grâce à Marie-Cécile, qu'il faut outiller et former un maximum de bénévoles. Nous lançons une première formation à la rentrée de septembre 2017. Trente volontaires se retrouvent un dimanche matin pour l'occasion. Pendant le tour de table, je constate que je ne connais presque personne. Certains ont affronté plus de deux heures de transport en commun pour être présents, d'autres n'ont pas dormi et arrivent directement de soirée. La formation est animée par Chloé, une ancienne patiente aujourd'hui consultante et coach. Chaque bénévole reçoit un livret qui détaille le déroulé précis d'une visite en milieu hospitalier ou au domicile d'un jeune.

L'ambiance est légère, quand une bénévole pose cette question qui nous arrête brutalement : « Que fait-on quand un jeune meurt ? »

Une réponse fuse : « On fait de son mieux. »

Je sens que cela ne satisfait personne. Sur un grand tableau blanc, Chloé écrit en lettres capitales la question avec un épais feutre rouge. Chacun à tour de rôle note une idée sur un Post-it, se lève et vient le coller à côté de celui de son voisin. Les langues se délient, la parole libère celles et ceux que nos mémoires avaient enfouis. On réveille un cousin mort d'un cancer, on se souvient d'une tante qui a mis fin à ses jours, on évoque un grand frère fauché dans un accident de moto. Ethan revient souvent, on partage d'autres histoires de patients accompagnés. C'est la première fois que le sujet est abordé ouvertement.

Emma, notre psychologue, nous apprend que notre engagement revêt plusieurs noms. Bénévoles. Volontaires. Aidants. Aidants bénévoles. Elle se lève, se détache du groupe et sort son téléphone de sa poche.

« C'est comme une batterie de téléphone. Nous aussi nous nous vidons. Pour ceux qui font de la plongée, c'est la même chose. Et si vous n'avez plus d'oxygène, vous ne pourrez pas en prêter à votre voisin qui en aura peut-être besoin. »

La salle, ébahie, regarde Emma. Elle apprécie nos réactions. C'est alors qu'elle nous met au défi. « Listez trente lieux et activités précises qui vous vident la tête. »

Je pense d'abord au chocolat, puis aux séries Netflix… « Seule condition : cela ne doit pas vous faire culpabiliser. »

Elle a lu dans mes pensées. Je raye les deux premiers points de ma liste. Je ferme les yeux… Je suis à quelques milliers de kilomètres, assise sur un rocher, et je regarde le soleil plonger dans la Méditerranée. La fraîche chaleur des montagnes libanaises me fait frissonner et j'inscris ce lieu magique en haut de ma page. Remplir la bouteille d'oxygène.

Ce jour-là, en rentrant, je découvre une boîte à chaussures pleine de Kapla. Enfants, mon frère et moi passions des heures entières dans notre chambre à agencer ces petites planchettes de bois. Je structurais le village, il donnait vie aux personnages. C'était toujours le même scénario. Nous jouions jusqu'à ce qu'une dispute brise notre complicité. En quelques secondes, les figurines colorées gisaient au milieu du village devenu champ de ruines. Nous nous regardions, désemparés devant l'absurdité de la situation. Nous avions détruit l'œuvre d'un week-end en un éclair.

J'allume ma lampe de bureau. La lumière crue frappe sur le plateau blanc. Je m'assieds, ouvre la boîte de mes souvenirs et empile frénétiquement les lames de bois les unes sur les autres. Je ne réfléchis pas, je me laisse porter par mon imagination et compose les formes qui reviennent à moi. D'abord simples. Ensuite plus complexes. J'élève une tour. Elle prend forme. Maintenant je fais attention. Quand elle me dépasse, je me lève. Je mesure mes gestes, je bâtis étape après étape. Elle oscille. Je retiens mon souffle. Je pose le dernier Kapla. Cette fois, je ne veux pas tout détruire. Avec mon frère, nous nous réconcilions autour de nos figurines à terre. Là, je suis seule. Je recule de quelques pas. Chaque pièce a trouvé sa place.

Beyrouth, 27 juillet 2010

Nous venions d'atterrir au Liban pour y séjourner le reste de l'été. Aïda était d'humeur joyeuse. Elle avait passé la journée au bord de l'eau et lisait le dernier livre offert par ma mère. Elle s'obstinait à nous raconter l'histoire à voix haute, sans attendre de savoir si nous souhaitions le lire aussi – cela faisait rire toute la famille. Pieds nus, elle marchait autour de la piscine, livrant ses passages préférés et ajoutant à l'ouvrage quelques remarques personnelles. À chaque tour, son parfum se mêlait à l'air frais et prolongeait sa présence.

Pour le goûter, mes parents nous entraînèrent, ma grand-mère et moi, dans les montagnes. C'était une habitude. Nous roulions un peu plus d'une demi-heure et arrivions toujours face à une impasse. Une spécialité libanaise. À gauche, un petit sentier nous emmenait en hauteur. Nous l'empruntions, et assistions alors à un spectacle éblouissant. Autour de nous, les nuages se mêlaient aux reflets du soleil qui disparaissait dans un camaïeu de roses. Ce jour-là, mon père ouvrit une bouteille de champagne. C'était son anniversaire. Aïda me laissa d'abord y tremper un doigt, puis boire une gorgée entière. Elle finit par me tendre sa coupe marquée de rouge à lèvres pourpre.

4

Penser aux T-shirts

Autour de la table basse, l'heure est grave. Sofia et Nour – la doyenne de la partie, une jeune femme d'une vingtaine d'années, nouvellement hospitalisée – regardent fixement leurs adversaires. Dans la salle patients, elles se partagent toutes les deux le canapé le plus confortable. Rouge vif, moelleux, profond. Elles y sont bien. Il est neuf heures passées et dehors, la nuit a déjà gagné la ville depuis longtemps. Novembre, c'est le mois le plus difficile de l'année, le plus triste. Trop de nuit, pas assez de lumière, de soleil. C'est la période de révisions, de flottement, de vide. Dans quelques semaines, nous commencerons à décorer l'hôpital pour les fêtes de fin d'année. L'échéance semble encore lointaine. « Le samedi soir avec Aïda », c'est la seule pause que Sofia, désormais en classe préparatoire, s'accorde. Une bouffée d'oxygène. Pour Nour, c'est la première fois qu'elle rencontre nos bénévoles. Les deux jeunes femmes partagent la même chambre et Sofia, la cadette, la guide dans les premiers pas de sa nouvelle vie à l'hôpital.

Les bénévoles formés par Aïda sont désormais prévenus des missions par un SMS. S'ils sont disponibles, ils se portent volontaires en quelques clics. L'engagement est à la carte mais l'inscription pour une activité est ferme, responsabilisante. Pour décharger l'équipe organisatrice et nous permettre de multiplier le nombre d'interventions simultanées, des responsables de missions encadrent les bénévoles. Nous les surnommons les « chouettes ». Officiellement, la chouette symbolise la sagesse. Mais, avec Céleste et d'autres, nous savons que le choix du nom est arrivé par hasard. Au détour d'une conversation : « Nos bénévoles sont super chouettes. » Aujourd'hui, les chouettes sont formées, et encadrées par nos psychologues et responsables de missions. Sur le conseil de Marie-Cécile, nous avons également investi dans un téléphone portable professionnel. 06 32 71 00 10. Une ligne directe sur laquelle les hôpitaux ainsi que les jeunes hospitalisés peuvent nous joindre instantanément. En ordre de marche.

« Honneur aux vieux », lâche Sofia en pouffant à moitié. Nour réprime son sourire, se saisit du paquet de cartes et les distribue. En face d'elles, Paola, Abdoulaye, deux nouveaux bénévoles, et Sibylle, une chouette, veillent à ce que chaque participant soit servi équitablement. Dix chacun. Sibylle recompte les siennes en repositionnant ses mèches brunes derrière ses oreilles. Nous nous sommes rencontrées au début de l'année scolaire. J'étais intervenue dans sa classe de seconde, en cours d'éducation civique, pour raconter l'histoire d'Aïda. Mon emploi du temps d'étudiante me laisse désormais beaucoup plus libre dans la gestion de mon temps et j'interviens régulièrement dans des établissements scolaires. À la fin de la conférence, Sibylle m'avait expliqué avec enthousiasme qu'elle souhaitait réaliser un exposé sur l'histoire de l'association. J'étais surprise, des jeunes que je ne connaissais pas se projetaient dans Aïda. Trois ans après nos débuts, la relève était déjà là, aussi déterminée que moi à leur âge. Elle m'avait tendu avec insistance un billet de dix euros pour acquérir un T-shirt. Ceux-ci avaient été floqués en grande quantité ; nous faisions face à de plus en plus de demandes. Partout en France, les jeunes souhaitaient rejoindre Aïda après avoir vu plusieurs reportages sur des chaînes d'information nationales ou des *stories* d'influenceurs. Pendant leur formation, les nouveaux arrivants recevaient le même T-shirt. Tous ensemble. La même équipe.

J'avais conçu le logo de l'association pendant mes vacances à Beyrouth sur une application simple, téléchargée sur mon smartphone. Instinctivement, j'avais apposé à côté d'« Aïda » un smiley dessiné à la main. Sur le dos, j'avais simplement ajouté la mention

« bénévole ». Le tout avait été réalisé en une quinzaine de minutes et livré, dans l'urgence, la semaine suivante. Cinq mille exemplaires. Sibylle reçut le sien. C'étaient les premiers pas de son engagement.

À côté d'elle, Abdoulaye pose la carte de référence sur la table basse, face visible. Le 3 de trèfle. Il doit avoir quinze ou seize ans et ses cheveux coiffés en tresses parfaitement plaquées contrastent avec son style *bad boy*. Abdoulaye est tendre mais il aime qu'on lui prête cet air de dur à cuire. Au bout de chaque *cornrow,* une perle rouge irisée rappelle le bordeaux du T-shirt.

Le but du jeu du « menteur » est de se débarrasser le plus vite possible de toutes ses cartes, quelle que soit la stratégie adoptée : mentir sur la couleur de sa carte ou glisser, au lieu d'une seule recommandée, des paquets de plusieurs cartes dans la défausse. Faces cachées. Sofia se défait de sa première carte. Elle n'a pas osé mettre de paquet, ni mentir, il faut un peu d'expérience pour y parvenir. Nour prend le relais, nonchalamment. Elle s'apprête à endosser le rôle de menteur et n'a pas peur. Elle connaît le jeu et sait qu'elle ne sera pas soupçonnée. Elle est bien trop sage. Abdoulaye la regarde, la vie lui a appris à se méfier. Assise en tailleur sur le canapé, Sofia épie les moindres gestes du jeune homme. C'est le benjamin de la partie mais elle sent qu'avec lui, tout est possible. Tour après tour, chaque participant tente sa chance. Personne n'ose quitter le regard des autres.

Abdoulaye joue, Nour s'écrie : « Menteur ! » Suspense. Il sourit avec malice et retourne sa carte : c'est bien du trèfle. La jeune femme récupère toutes les cartes empilées depuis le début de la partie, comme le stipule la règle. Elle hausse les épaules mais le prend bien et s'enfonce à nouveau dans le canapé. Le jeu se poursuit. L'adrénaline transcende tous les participants. Sibylle reste discrète et continue, l'air de rien, à se débarrasser de son paquet. Désormais, Abdoulaye n'a plus qu'une carte. Paola lui bloque la main en hurlant : « Menteur ! » Cette fois, il a menti. Paola jubile. Il est démasqué. Il récupère toute la pile de cartes.

Aïda s'asseyait souvent dans la salle à manger pour jouer sa patience quotidienne. Solitaire. Elle étalait solennellement ses cartes en les faisant claquer contre le bois de la table. Seule avec elles, tandis que la maison autour vivait. Ma tante jouait du piano, mes cousins se chamaillaient devant la console de jeu, mon père somnolait sur le canapé. Le soleil tapait sur la vitre et, à l'intérieur, la climatisation tournait à plein régime. Chaud, froid. Dans la cuisine, mes oncles et tantes préparaient le déjeuner. Au menu : taboulé libanais accompagné de kebbé, tout droit venu du nord du Liban. Les effluves culinaires rejoignaient les cris des enfants, l'air glacé se mêlait au ronronnement de la musique orientale qui tournait en boucle. Vus de l'extérieur, ces moments en famille étaient bruyants, chaotiques. Mais pour moi, il y avait dans ce désordre habituel quelque chose de rassurant, de familier. Assise dans un coin de la pièce, fascinée, j'observais ma grand-mère : comment était-il possible qu'elle s'amuse seule ? Parfois, elle s'arrêtait, comme perdue dans une rêverie, un paysage intérieur qui l'entraînait loin, au plus profond d'elle-même. De ses ongles impeccablement vernis, elle tambourinait contre la table au rythme des hochements de sa tête. Elle esquissait un sourire. Où était-elle ?

Pour préserver ma mère et mes tantes, Aïda avait fui le Liban. Aux premières années d'une guerre civile qui en dura quinze[1], elle avait réussi à convaincre mon grand-père qu'il y avait urgence. Portée par cette intuition, toute la famille s'était arrachée à ses racines. Du jour au lendemain, Aïda avait plié bagage, quitté sa terre natale, abandonné malgré elle la capitale cosmopolite sans laquelle elle ne savait pas vivre. Elle avait cette force de décision et ce courage intrépide qui font une grande femme. De son vivant, elle ne reparla jamais de ces heures difficiles. Elles appartenaient définitivement au passé. Je mesure aujourd'hui

1. La guerre du Liban a eu lieu de 1975 à 1990. C'était une guerre civile complexe, pendant laquelle les dix-huit communautés religieuses du pays se sont déchirées entre elles, mais également au sein d'une même communauté. Elle a aussi été marquée par des interventions étrangères sur le sol libanais. Elle a fait plusieurs centaines de milliers de morts et causé l'exode de près d'un million de Libanais.

seulement son audace. « C'était le bon temps », répétait souvent mon grand-père, nostalgique, en évoquant ces années à Beyrouth. J'étais à chaque fois contrariée. Comment l'époque où ils n'avaient pas encore la chance d'être grands-parents pouvait-elle être meilleure ? Cela n'avait pas de sens. Dans l'avion, par le hublot, leur vie d'avant s'éloignait, rétrécissait, disparaissait. Nous étions en 1977, l'année de naissance d'*Oscar*, son parfum – première coquetterie qu'elle acquit à son arrivée en France. Là-bas, ici, tout recommençait à zéro. Il fallait réapprendre à vivre. Je crois que ma grand-mère savait au plus profond d'elle-même qu'elle retournerait chez elle, à Beyrouth. Dans les airs, près de ses filles blotties les unes contre les autres, c'était sa seule certitude.

Aïda sortit de sa rêverie, prit une suite de cartes qui allait en compléter une autre. Elle était satisfaite, les cartes aussi. Elle s'empara de la dame de trèfle. À dix-huit ans, ma grand-mère donnait naissance à son premier enfant, ma tante Rita, quelques mois après son premier mariage. Elle posa à ce moment le roi de trèfle sur la dame de trèfle. Femme de, puis mère de. Elle mit ensuite fin à ses études, obtint tout de même son bac mais ne put jamais travailler. Quelques années plus tard, rareté pour l'époque, elle se rendait au Vatican pour demander au pape la reconnaissance de nullité de ses premières noces. Elle jeta alors un coup d'œil complice au roi de cœur. Aïda était libre d'épouser mon grand-père. L'heureux élu, qui n'avait jamais envisagé le mariage, était tombé instantanément sous le charme de ma grand-mère. Lorsqu'il racontait leur histoire, *Jeido*[1] plongeait dans les méandres de leur vie orientale trépidante. À chaque fois, son regard fixait le vide, sa pensée était nostalgie, sa posture, alourdie par le temps qui passe. Mais, dès qu'il mentionnait son épouse, ses yeux s'allumaient. Il se redressait, posait son chapeau sur ses genoux, se raclait la gorge et racontait systématiquement leur rencontre, avec le même degré de détails. « Quelle femme ! » Leur mariage connut son lot de rebondissements mais Antoine et Aïda s'aimèrent, du moins c'est ce que je lus dans ses yeux jusqu'à son décès il y a un an. Je m'approchai de la table. Dame de pique, dame de carreau, dame de cœur. La réussite de ma grand-mère avançait. Ensemble, ils eurent trois filles qui forment aujourd'hui un quatuor indissociable avec Rita. Un clan. Ma grand-mère revint au Liban à la fin de la guerre, en 1990, et repose aujourd'hui au cœur de ses montagnes, à Tannourine. Aïda sentit ma présence derrière elle. Face à elle, sur la table, les dames étaient alignées à la même hauteur. Elle se retourna, le sourire triomphant. Elle savait que la partie était gagnée.

Le paquet de cartes d'Abdoulaye ne tient plus dans ses mains. Pour remporter la partie, il doit mettre en

1. « Grand-père », en arabe.

œuvre une tactique imparable. Alors, il joue la carte de l'humour, raconte des histoires, rigole, parle beaucoup, sans s'arrêter, et imite ses consœurs bénévoles pour faire rire Sofia et Nour. Il glisse un paquet de cartes. Cinq d'un coup. Se moque de son retard dans le jeu. Trois cartes. Fait une petite danse. Huit cartes. Ni vu, ni connu, il sait faire diversion, ruser. Les tours de jeu s'accélèrent, Abdoulaye donne le rythme. Ses mimiques font éclater de rire les participants. Le jeu est devenu spectacle, Abdoulaye séduit, l'ambiance est légère. Alors, il joue le tout pour le tout et enfouit la fin de sa main dans la pile. D'un coup, naturellement. Personne n'a remarqué le subterfuge. Sibylle pose la carte suivante. Abdoulaye lève les bras, victorieux. Il a gagné.

Pendant ce temps-là, je suis en réunion. Nous cherchons un financement pour mettre en place un projet musical dans plusieurs services en France à l'occasion de Noël. Certains jeunes sont vraiment doués pour la musique, ils doivent pouvoir continuer à développer leur potentiel, même à l'hôpital. Nous souhaitons acquérir guitares, piano, basses et batterie pour former un groupe qui animera notre traditionnelle soirée de Noël à l'Hôpital, le 24 décembre prochain. Chaque année, c'est un moment particulier pour l'équipe rassemblée auprès des patients qui n'ont pas obtenu leur permission de sortie.

Ce sont des instants hors du temps, qui ne ressemblent en rien aux images d'Épinal. Décalés, bouillonnants, festifs. Quelques semaines auparavant, les décorations ont été installées partout en France par nos bénévoles, les équipes soignantes et les animateurs des différents hôpitaux. À certains endroits, elles ont été imaginées par les jeunes hospitalisés et leur ressemblent. Une boule de Noël gothique, une guirlande de ballons de foot, de petites étoiles recouvertes de vernis à ongles bleu fluo. Au milieu de cet univers qu'ils ont créé pour un soir, on enchaîne les parties de ping-pong et de baby-foot, les karaokés où chacun chante plus faux que son voisin, les loups-garous à prolongations organisés spécialement pour l'occasion. Tout le monde porte le même T-shirt : uni, bordeaux, siglé « Noël à l'Hôpital ». Il a été conçu spécialement pour l'occasion, offert par le prestataire qui y perçoit une manière d'être à nos côtés pour les fêtes. Nous portons une attention particulière à ceux qui sont trop fragiles pour quitter leur lit : un groupe de bénévoles passe de chambre en chambre, guitare à la main. À chaque Noël à l'Hôpital, j'ai renoué avec la chaleur orientale de Beyrouth : une cacophonie chaleureuse où liberté et hospitalité se retrouvent l'espace de quelques heures. C'est le moment tant attendu. On le saisit. Il s'échappe.

Restent les cadeaux. Avec les jeunes, nous avons le même âge et connaissons la déception de se voir offrir un objet dont nous n'avons pas envie. C'est ainsi qu'est née l'opération : faire en sorte de ne jamais recevoir une boîte de Playmobil quand on a vingt-deux ans. La première année, à notre demande, les patients ont dressé leur liste et nous l'ont remise. Nous avons alors proposé aux donateurs d'offrir un des cadeaux commandés. Peu à peu, notre local a débordé de présents. Nous ne pouvions plus y entrer sans provoquer d'avalanche. Face à tant de solidarité, nous étions sincèrement émus. Chaque cadeau était le reflet de l'attention, de la délicatesse, de l'envie de partager d'un homme, d'une femme, d'un enfant, d'un étudiant, d'une famille, d'une classe, d'une maison de retraite, d'une entreprise. En parallèle, dans les écoles et les collèges, nos bénévoles et leurs camarades de classe confectionnaient avec cœur des milliers de cartes de vœux. Nous avons emballé avec soin les cadeaux, un à un, dans des sacs kraft recyclables et y avons glissé une des cartes venues des quatre coins de la France. Devant le succès de l'opération et pour répondre aux sollicitations croissantes, nous avons modernisé le concept avec un site Internet[1]. Les cadeaux, c'est l'affaire des proches. Discrètement, Aïda se retire, laisse la place.

Plus Aïda grandit, plus la recherche de fonds occupe une part importante de mes journées. L'exercice me

1. www.noelalhopital.fr.

plaît. Il ne remplace pas la présence à l'hôpital mais lui est complémentaire. Nous levons majoritairement des fonds auprès d'entreprises qui souhaitent agir à nos côtés. À chaque fois, nous proposons un projet concret, qui émane du terrain et s'inscrit sur plusieurs années. Les particuliers, eux aussi, sont généreux. Nous ne voulons pas tout faire reposer sur eux car nous savons qu'ils sont déjà beaucoup sollicités. Ils s'engagent avec enthousiasme pour soutenir l'opération Noël à l'Hôpital et continuent à suivre nos actions tout au long de l'année. Pour ces ateliers musicaux, nous avons eu l'idée d'associer une troupe d'étudiants[1] qui propose des spectacles musicaux de qualité au profit – depuis cinq ans maintenant – d'Aïda.

Alors que je sors de réunion, Paola m'appelle en FaceTime pour me raconter sa première fois à l'hôpital.

« Meuf, c'était incroyable ! On ne sent pas du tout qu'on est à l'hôpital. On est tous ensemble. Je peux y retourner quand ? »

La trajectoire de Paola Locatelli, l'influenceuse de 18 ans au 1,9 million d'abonnés sur Instagram, est à la fois classique et hors normes. Sur le conseil de sa communauté en ligne, elle rejoint les rangs d'Aïda à quatorze ans car « c'est la seule association qui permet

1. Merci Elias Orphelin et toute la formidable équipe de la CoMu !

à des lycéens de s'engager concrètement ». Elle remplit le formulaire sur notre site Internet, assiste à la formation comme chacun de nos bénévoles et se lance. Le terrain avant tout. Au téléphone, Paola est dithyrambique. Elle a aimé le contact facile et la proximité de pair à pair, elle s'est sentie utile, elle a pris la mesure de son engagement. Elle est elle-même. Nour et Sofia ne la connaissaient pas encore mais vont la suivre sur Instagram. En parlant, Paola fait de grands gestes et secoue son téléphone. J'échange désormais par intermittence avec ses boucles brunes aux reflets mordorés. Je lui fais savoir que je ne vois plus rien. Elle s'arrête, la caméra se stabilise. Le sourire de Paola remplit l'écran et l'étincelle d'émotion que je lis dans ses yeux verts me touche. Elle est vraie. Mais en retard pour son prochain shooting. La caméra se remet à danser. J'arrive tout juste à comprendre les prénoms des bénévoles : Sibylle et Abdoulaye. Je connais bien la première mais n'ai jamais entendu parler du second. Ne pas pouvoir mettre un visage sur un nom, cela m'arrive de plus en plus souvent, m'agace, me frustre, mais l'enthousiasme de Paola m'emporte. Toutes les deux, nous partageons aujourd'hui un lien fort. Nos aventures respectives, nous les avons engagées sensiblement au même âge. Nous ne connaissons pas autre chose et c'est, je crois, ce qui nous rapproche. Paola chérit Aïda, la soigne, en parle, la fait rayonner. Avec le temps, c'est devenu son association.

Je dois raccrocher car Léo, un patient du troisième étage, m'attend au bout du couloir, devant la salle de jeu. Il veut me défier au ping-pong.

« On m'a dit que tu étais forte, c'est c'qu'on va voir ! »

Je souris et lui souhaite toute la force du monde pour me battre. J'aime entrer en compétition avec les patients. C'est dans ces moments-là que les différences s'effacent le mieux. Nous sommes jeunes avant tout. Une partie de ping-pong, c'est un juste échange entre affection et humour, tendresse et distance. Dès la première balle, il faut jouer sérieusement. Saisir chaque opportunité de *smasher*. Compter les points. Répondre avec intensité. Ne pas laisser l'autre gagner. Se battre sans relâche. Léo est arrivé dans le service il y a plus de six mois. Je le croise souvent mais ne le connais pas. Sa silhouette élancée m'est devenue familière. Ce qui frappe en premier, c'est le sourire qui illumine son visage. Léo est avenant, il est toujours en groupe, c'est un chef de bande. Je n'ai jusqu'alors jamais pris le temps de m'arrêter pour lui parler longuement. Il a été traité pour une sévère infection des poumons et nous n'intervenons pas encore en pneumologie. À chaque balle renvoyée, Léo fait un petit pas de danse. Je reste concentrée. Il m'explique être aujourd'hui complètement remis sur pied. Je ne lâche rien. Les perles dans ses cheveux bougent au rythme de ses revers. Je les fixe. Je ne comprends pas pourquoi il n'est pas encore sorti de l'hôpital. Je me ressaisis. Je veux gagner. À chaque balle perdue, il serre les dents et frappe sa raquette sur la table. J'éclate de rire.

« Bah alors, on faiblit ? »

À ce moment, la partie qui allait m'offrir une victoire écrasante est interrompue par un patient du premier étage, le service de cancérologie. Debout avec son pied de perfusion, Azzedine nous regarde avec insistance. Je suis à quelques secondes de lui proposer de rejoindre notre partie quand Léo lui tend sa raquette.

« Vas-y, mon gars, fais-toi plaisir. »

En partant, il me gratifie d'une bourrade amicale, me félicite et s'éloigne vers l'ascenseur qui le mène à sa chambre. Je suis intriguée par ce départ en milieu de jeu. Ai-je été trop agressive pendant la partie ? Déroutée, je finis avec le nouvel arrivant et le laisse prendre l'avantage. Je suis la tenante du titre. Lui, c'est la première fois qu'il gagne une partie. Il est surpris. Je cache mon dépit.

Pour le déjeuner, je décide de rester à l'hôpital. En faisant la queue au self, je retrouve Thierry et l'interroge sur l'histoire de Léo. Ce jeune homme m'intrigue. Pourquoi a-t-il donné sa raquette à Azzedine si spontanément ? Je sens que quelque chose m'échappe.

« Tu sais, ce garçon n'a pas eu une histoire facile. »

Thierry et son équipe m'apprennent que Léo a grandi en Guinée avant d'arriver il y a quelques mois en France, seul, à l'âge de quinze ans. Sans papiers, sans famille, sans repères. Ici, il ne connaît personne à part quelques associations qui l'ont accueilli, et sa bande du troisième étage. Les soignants le gardent à l'hôpital en attendant de lui obtenir des papiers.

En *story* sur Instagram, Paola Locatelli raconte sa première intervention à l'hôpital. Elle vient d'achever son shooting. Quatre fois quinze secondes qui deviennent virales. Filmée en format vertical, avec son T-shirt bordeaux, la jeune femme détaille avec enthousiasme les étapes de son engagement dans l'association.

« Salut à tous, c'est Paola et aujourd'hui, j'ai passé une journée hors du temps. »

L'influenceuse remercie sa communauté qui l'a aiguillée il y a quelques mois vers nous. Elle raconte ensuite sa rencontre avec Nour et Sofia qu'elle salue et promet qu'elle reviendra les voir bientôt. Elle tiendra parole. À la fin de la vidéo, elle incite toute sa communauté à nous rejoindre et tague l'association. Immédiatement, les demandes affluent. Sur notre site Internet, sur les réseaux sociaux, par e-mail, des centaines de demandes de bénévolat déferlent. Nous ne sommes pas prêts à répondre à cette marée engagée mais rapidement des bénévoles viennent prêter main-forte. Il faut réagir le plus vite possible pour ne pas générer de frustration. Alice, bénévole de la première heure et amie de classe depuis la sixième, coordonne le dispositif. Elle est épaulée par Sibylle qui est sur tous les fronts. Dans notre nouveau local parisien, plus grand, plus lumineux, nous regardons avec sidération les messages défiler les uns à la suite des autres. C'est vertigineux.

En tout, nous recevons plus de deux mille candidatures. Nous les retenons toutes, c'est la politique de l'association. N'exclure personne. Chacun est important, a un rôle à jouer, une place à trouver. Les profils sont variés et les futurs bénévoles s'inscrivent partout en France. Camille a douze ans et a grandi en Bourgogne, Matthew, seize ans, vit en banlieue parisienne, Eva est étudiante à Toulouse. Comme à chaque fois qu'Aïda grandit, nous faisons une nouvelle commande de T-shirts. Dix mille d'un coup. Pas besoin de négocier les prix, le prestataire, heureux pour nous, propose de lui-même un geste commercial. Il ne reste plus qu'à former tout le monde, c'est la partie la plus longue mais la plus nécessaire.

Au deuxième étage, Léo est seul, dans une chambre neutre. Aucune décoration, aucun poster, aucune couleur. Face à son téléphone, il rit aux éclats. Avant de quitter l'hôpital, je suis montée prendre de ses nouvelles. En arrivant dans sa chambre, j'ai été accueillie par un : « C'est trop cool que Paola soutienne l'association ! »

Comme lui, je trouve cela « trop cool ». Léo termine le énième visionnage de la vidéo et me fait signe de m'asseoir sur son bureau. Il veut absolument savoir comment j'ai rencontré Paola. Dans les moindres détails. Il sourit béatement et boit mon récit.

J'enchaîne. « Tu sais, j'aurais bien aimé qu'on finisse la partie tout à l'heure. En plus, j'étais sur le point de gagner. » Il acquiesce et baisse les yeux : « T'as bien fait de jouer avec lui. C'est plus grave ce qu'il a, lui. »

Son raisonnement me sidère. Sa grandeur d'âme m'impressionne, néanmoins mon avis diffère du sien. Chacun a son histoire, il ne faut pas chercher à comparer. Ce n'est pas juste. Chaque douleur a droit à sa partie de ping-pong complète.

Je pressens que Léo est un jeune homme hors du commun. Près de son sourcil droit, une cicatrice entaille son visage d'adolescent. Elle est sûrement la voie vers son histoire mais il s'arrange pour ne pas parler de lui. Allongé sur son lit, il jongle astucieusement entre anecdotes et compliments, adresse un clin d'œil à l'infirmière qui entre dans sa chambre, chantonne un petit air qu'il accompagne d'un geste de la main. Pirouette après pirouette, il m'incite à me révéler. Pour la première fois depuis la création d'Aïda, je raconte à un patient ma grand-mère. Léo écoute attentivement, il a les larmes aux yeux. Son émotion est communicative. Je m'arrête avant de me laisser submerger moi aussi. Il ne faut pas perdre la face. En partant, je le serre dans mes bras.

« T'es une âme sensible, Moukanas. »

Je lève les yeux au ciel. J'ai retrouvé le contrôle. Il éclate à nouveau de rire.

Le temps passe et nous nous rapprochons peu à peu du quatrième anniversaire de l'association. Un grand moment pour toute l'équipe qui accorde une attention particulière à l'organisation annuelle de cet événement. Loup et Ilona – deux nouveaux arrivants – se chargent de la logistique avec Alexandra. Sur les murs de l'entreprise qui nous accueille chaque année gracieusement, nous avons accroché les photos les plus emblématiques. Je suis fière devant la campagne de communication que nous avons lancée avec Ambre et sa famille en septembre, je redécouvre avec un effroi amusé un selfie grimaçant – pris à l'envers – de Sofia et moi, et je ris devant une photo panoramique d'un groupe de bénévoles cherchant à atteindre le plafond pour décorer la chambre d'un patient. Désormais, chacun tisse sa propre histoire avec Aïda. Je ne les connais pas toutes mais elles nourrissent la grande. Ensemble, nous prenons la mesure de l'année que nous venons de passer. Nos invités arrivent un par un. Paola, Sibylle, Zoé, Éloi, Alexandra. Tous les visages d'Aïda se retrouvent ce soir. Certains de nos partenaires hospitaliers – les Parisiens du moins – ont fait le déplacement. Marie-Cécile me salue de loin. Isabelle, mon professeur de mathématiques au lycée, prend sa traditionnelle photo annuelle avec ses élèves engagés. En réalité, c'est nous qui attendons chaque anniversaire pour poser avec elle. Les donateurs, entreprises et particuliers, sont aussi invités. Ils échangent avec bénévoles et patients venus de loin pour l'occasion. Au fond, je reconnais Léo. Il n'est pas très loin de Paola. Amusée, je lui fais un signe de la main. Il me voit et me décoche un clin d'œil complice.

« Comment tu connais Abdoulaye ? » m'interroge Sibylle. Je ne comprends pas le sens de sa question. « C'est Léo, c'est un patient de pneumo. Je l'ai rencontré il y a quelques mois à Rist. » Sibylle fronce les sourcils et me regarde, perplexe. « Mais pas du tout ! Il s'appelle Abdoulaye. Il est bénévole chez nous. »

Quelques secondes plus tard, Sibylle et moi nous avançons mécaniquement vers Abdoulaye-Léo. Il a compris que nous avons compris. « Surprise ! »

Je connais maintenant Abdoulaye alias Léo depuis quatre ans. Pendant ces quatre années, il ne m'a jamais parlé de lui. C'est sa règle d'or. Il se protège. Pour cet ouvrage, il m'a confié le soin de vous transmettre son histoire. La voici.

Abdoulaye est né en mai 2002, à Conakry. *Leo*, c'est le surnom que ses amis lui donnaient en riant, là-bas, en Guinée. « C'est le nom qu'on m'a collé. Je l'ai accepté. Ça vient de Lionel Messi[1]. Mais lui, je ne l'aime pas trop. »

Dans son quartier de Nongo Taady, on aime bien le taquiner. Quand il me parle de sa vie là-bas, il évoque la chaleur humaine, la joie des retrouvailles, le lâcher prise. Les éclats de rire, les parenthèses dans le temps, malgré la pauvreté et le quotidien parfois lourd à porter. Ce sentiment de communauté forte, ancrée, cette envie de vivre à tout prix, c'est ce qu'il a retrouvé en rejoignant Aïda.

Très tôt, la vie d'Abdoulaye est marquée par un premier drame. À trois ans, il perd brutalement ses parents dans un accident. D'eux, il ne garde aucun souvenir. Le petit garçon est confié à son oncle et sa tante, mécontents à l'idée de se retrouver avec une charge supplémentaire dans un foyer qui peine déjà à survivre. Alors, ils sont violents. Quotidiennement, ils lui assènent des coups à tour de rôle.

---

1. Footballeur argentin, surnommé « Leo ».

« C'est souvent le cas là-bas, quand un oncle élève celui qui n'est pas son fils. »

La réponse d'Abdoulaye est mécanique. Il est celui qu'il n'est pas.

Enfant, il n'aspire qu'à apprendre, faire quelque chose de sa vie. L'école la plus proche est privée et chère. En échange d'un travail régulier dans l'entreprise familiale, son oncle accepte de financer sa scolarité. Dans la vie, c'est donnant-donnant. La journée, il apprend. C'est une éponge. Abdoulaye est un perfectionniste qui s'estime chanceux. Il veut tout essayer, il doit tout bien faire. Le soir, de retour à la maison, il remplit sa part du contrat et travaille d'arrache-pied dans la petite entreprise familiale.

Abdoulaye aime ses racines. Profondément. Il sait cependant qu'elles ne sont pas suffisamment irriguées. Secrètement, il rêve d'un avenir meilleur, d'une autre vie, d'un horizon. Avant lui, au même endroit, d'autres ont partagé le même dessein : rejoindre la France. « Au moins, ce n'est pas un endroit où on maltraite les enfants. Là-bas, j'aurai un diplôme. »

L'entreprise familiale fait faillite. Le deal est rompu. Abdoulaye n'a plus de ressources pour construire son avenir. Il doit recommencer à zéro. Sisyphe. Il va partir en France. À douze ans, il quitte la maison et erre dans les rues de la capitale guinéenne. Le temps qui précède son départ lui semble interminable. Heure après heure, jour après jour, semaine après semaine. La persévérance l'habite, l'optimisme l'anime, l'avenir est sa boussole. Il s'accroche à cette idée, de toutes ses forces. Chez Aïda, je n'ai jamais vu Abdoulaye baisser les bras.

Il traverse d'abord le Mali. Là-bas, il est emprisonné une première fois par des groupuscules proches des Touaregs. Dépouillé puis libéré, le jeune garçon qui a désormais quatorze ans se retrouve aux portes du Sahara, à la frontière avec l'Algérie. Là, pendant plusieurs semaines, il marche. Autour de lui, il y a l'infini. À ce moment-là, il ne sait pas s'il arrivera au bout de son rêve. Heureusement, il n'est pas seul. Au début, cela le rassure. Un groupe de dix. « Certains de mes camarades se réveillaient le matin. D'autres restaient endormis. Ils étaient morts de soif. »

Chaque instant de vie peut être le dernier. Abdoulaye le sait. À l'hôpital, muni de son T-shirt bordeaux, c'est quelque chose qu'il n'oublie pas. Il n'en parle jamais mais la profondeur de ses silences est plus éloquente qu'un grand discours.

Abdoulaye est désormais seul. La faim, la soif le tenaillent. Partout, le même paysage. Un mélange de sable dessicatif, de roches coupantes et de soleil brûlant. Il suffoque. Dans cette aridité absolue, il cherche sa direction, mais tout se ressemble. Alors, il avance. Il maintient le cap. Indéfiniment. Il ne lâche pas, regarde droit devant cherchant inlassablement une porte invisible du désert.

En Libye, il est à nouveau emprisonné quelques jours. « Au moins, en prison, on nous donnait à manger. C'était mieux que le désert. » Pour survivre, il se fait embaucher sur un marché local. Chaque soir, il cache précieusement dans sa chaussure le billet gagné. Personne ne pourra l'empêcher d'atteindre la France. Il a sa chance. Il l'invoque comme une compagne de route à chaque étape de son périple. C'est sa salvatrice, celle qui l'a maintenu en vie alors que ses camarades sont morts. Sur le zodiac débordant d'hommes et de femmes qui aspirent à un avenir meilleur, il se fait sa place. Devant, à côté du capitaine. Pendant la traversée, certains tombent à la mer. D'autres se jettent d'eux-mêmes avant qu'elle ne les engloutisse. « Il y avait une femme qui a sauté pour rattraper son enfant. Ils sont morts tous les deux. Son bébé, lui, est resté seul sur le bateau. Pour la première fois depuis mon départ, j'ai pleuré. » L'empathie d'Abdoulaye le maintient en vie. Il ne craint pas la mort, elle fait désormais partie de son quotidien. La souffrance des autres, en revanche, l'étouffe. Il veut accompagner la douleur. C'est l'un de ses moteurs.

Son sauvetage, il le doit au navire de SOS Méditerranée[1] venu les secourir. Au chaud dans le bateau

1. https://www.sosmediterranee.fr

qui le mène à l'Italie, Abdoulaye est perdu dans ses pensées. Anesthésié. Nul ne sait à quoi il pense, même pas lui. Autour de lui, la joie est exubérante. L'émotion est palpable. Passé les montagnes et arrivé en France, c'est encore une association, cette fois-ci locale, qui l'accueille à Briançon et l'aide à rejoindre la capitale. « Tout était exactement comme on me l'avait décrit. C'est cette chaleur que j'attendais en France. »

Pour donner en retour, Abdoulaye alias Léo a besoin de s'engager. Il veut basculer de l'autre côté. Dans l'hôpital qui l'a pris en charge à son arrivée, il découvre Aïda qui y intervient tous les vendredis soir. Les bénévoles sont sympathiques. Il apprécie la délicatesse des attentions, la fougue d'une génération, la pluralité des parcours. Il s'inscrit en ligne et reçoit sa formation un dimanche matin. Quand il met son T-shirt pour la première fois, en catimini, me raconte-t-il, il est fier. Il fait partie de la famille.

Régulièrement, il rend visite à des patients dans d'autres hôpitaux. Son souvenir le plus marquant : un stand tenu à Montrouge avec Ilona pour sensibiliser les plus jeunes à l'engagement. L'occasion d'agrandir sa nouvelle famille. Donnant-donnant.

Abdoulaye-Léo est un jeune homme extraordinaire. Son entrée dans nos vies les a bouleversées à tout jamais. Aujourd'hui, il travaille chez Aïda et aimerait ensuite se spécialiser dans le domaine informatique. Cet été, il a prévu de voyager pour la première fois en dehors de France, au Portugal, pour ses vacances. « J'aimerais bien savoir quel bruit fait l'avion quand il décolle. »

Beyrouth, 7 août 2006

L'avion roule, les moteurs ronronnent. Crescendo. Mon petit frère se bouche les oreilles. Moi, je préfère entendre ce sifflement strident qui me rassure. Je veux être certaine qu'il ne s'arrête pas. L'appareil accélère, le sol tremble. Nous décollons, nous sommes dans les airs. Je ferme les yeux.

La guerre a éclaté le 12 juillet 2006. Nous jouions entre cousins dans le grand bassin de la piscine « Les Créneaux » à Beyrouth. Sans signe avant-coureur, ma mère et mes tantes nous ordonnèrent de sortir immédiatement de l'eau. Mon père les avait appelées pour les prévenir que l'armée israélienne avait bombardé le Liban, en réponse aux tirs meurtriers provoqués par le Hezbollah, la veille.

« Est-ce que tu crois qu'on va mourir ? »

JE VEUX ÊTRE UTILE

Du jour au lendemain, il n'y avait plus de piscine, plus de sortie, plus de festivités. Toute la journée, les stores dans l'appartement de ma grand-mère paternelle étaient baissés et la télévision tournait en boucle. Quelques coupures d'électricité venaient rythmer la journée et lui donnaient du mouvement. À partir de 20 h 30, il faisait intégralement noir à l'intérieur. Alors, je courais instinctivement vers le lit de mon aïeule, la prenais par la main et l'entraînais de toutes mes forces dans ma chambre. Elle s'asseyait calmement sur mon lit et allumait une bougie, posée sur la table de chevet.

« N'aie jamais peur. Regarde cette petite flamme qui danse. Tant que tu y crois, tu ne seras jamais seule. »

Elle faisait ensuite un signe de croix – les trois doigts joints, c'est important pour les orthodoxes – et me regardait m'endormir, tandis que la bougie se consumait.

5

Se laver les mains en arrivant

Depuis mon passage à la majorité, souffler mes bougies d'anniversaire a toujours été une source d'angoisse profonde. Le jour de mes dix-huit ans, une amie de la famille m'avait lancé au détour d'une conversation bien arrosée : « *Hayete*[1], tu réussis parce que tu es jeune. Tu ne le seras pas éternellement. Il faudra bien un jour que tu choisisses un métier ! »

La remarque m'avait tétanisée. J'avais pourtant l'impression de faire quelque chose de ma vie. Pourquoi fallait-il déjà envisager un après ? Au lycée, j'avais envie d'exercer tous les métiers à la fois mais, dans mon esprit, aucun ne se suffisait à lui-même. Je ne savais pas ce que je voulais faire plus tard. J'aimais créer, inventer, construire. Entreprendre. Quand j'étais plus jeune, mon père répétait souvent qu'au Liban, les habitants sortaient reconstruire

1. « Amour de ma vie », expression affectueuse en arabe.

avant même la fin des bombardements. Il en était fier. Dans un pays où il n'y a pas d'État-providence, il n'y a de toute façon pas d'autre choix. Il faut faire de ses propres mains. Inventer quand cela n'existe pas. Construire quand il n'y a rien. Reconstruire quand il n'y a plus. J'ai grandi avec cette philosophie du « faire » et je voulais qu'elle serve au plus grand nombre. Mettre en œuvre des projets qui répondent à un besoin, qui aident, qui changent des vies. J'en avais la profonde conviction. Mais si j'avais une date de péremption, il fallait accélérer le rythme. En avant, yalla !

Au printemps 2018, j'approchais de mes dix-neuf ans, sans joie. Dix-neuf, ce n'est ni la majorité, ni le début d'une nouvelle décennie. C'est fade, insipide.

À chacun de mes anniversaires depuis la création d'Aïda, j'avais imaginé un défi nouveau : pour mes seize ans, une collecte de fournitures scolaires pour cent soixante patients ; l'année suivante, une course de dix-sept kilomètres pour réunir dix-sept mille euros en dix-sept semaines au profit des jeunes hospitalisés ; pour ma majorité, il fallait un projet qui sorte du lot. J'avais donc lancé avec l'Établissement français du sang l'opération responsable « 18 ans, je donne mon sang ». Pour convaincre cent quatre-vingts jeunes de faire un don de vie[1] dans les

1. Sang, plasma, plaquettes se donnent directement dans un établissement de l'EFS ; pour la moelle osseuse, il faut s'inscrire sur le registre des donneurs.

premiers jours suivant leur anniversaire. J'étais trop jeune pour donner lorsque ma grand-mère avait été hospitalisée, c'était une façon pour moi de rattraper le temps.

Mais cette année, pour mes dix-neuf ans, je n'ai pas d'idée. Aucune façon d'ajouter de l'utilité au temps qui passe.

Jour après jour, Aïda continue de grandir. Nous comptons dans nos rangs plusieurs milliers de bénévoles répartis partout en France. L'organisation est désormais bien rodée. J'ai le sentiment que plus personne n'a besoin de moi sur le terrain. Les remontées sont bonnes : visites fluides, activités ressourçantes, patients soutenus, bénévoles épanouis, soignants impressionnés par une jeunesse engagée. Mon rôle évolue et j'ai du mal à l'accepter. J'aime le concret du terrain, l'adrénaline du contact, l'émotion de la rencontre. En parallèle de mes études, on attend désormais de moi que je représente et fasse connaître Aïda, que j'encadre des équipes, et que je lève des fonds. J'ai dix-neuf ans, c'est passionnant, mais face à autant de responsabilités, je me sens seule. Je n'étais pas préparée. J'ai le sentiment que personne ne peut m'aider. L'anxiété me gagne mais je ne montre rien : je n'ai pas de raison de me plaindre, pas de raison de ne pas aller bien. Mon cerveau est en ébullition constante. La nuit, je dors mal. Le jour, je m'isole de plus en plus. Je ne vais plus dans notre local, je travaille de chez moi et vois de moins en moins l'équipe. Alexandra et Céleste me connaissent : elles déposent sur mon palier des éclairs au chocolat, mon péché mignon. En quelques mois, je prends anormalement du poids. Je suis dépassée. Heureusement, incognito, je continue d'intervenir régulièrement auprès des patients, en binôme avec des bénévoles qui s'engagent désormais aux quatre coins du pays. C'est ma boussole. À l'issue d'une de ces visites, je suis démasquée par une infirmière qui suit Aïda depuis ses débuts. En me confiant qu'elle aimerait appeler la fille qu'elle attend Aïda, elle me sert un grand mug de thé. Dessus, je peux lire : « Head in the clouds and feet on the ground[1]. » Ma gorge se noue. Je crois aux signes.

Ma grand-mère n'avait pas pour habitude de s'épancher. Il fallait rester digne en toutes circonstances. En salle de réveil, après une lourde opération, alors qu'elle souffrait intensément, mes tantes m'ont raconté qu'elle était restée stoïque et impassible. Dès le lendemain de sa sortie, elle entamait vaillamment une rééducation intensive accrochée au bras de ses petits-enfants. Je devais avoir huit ou neuf ans et je me rappelle les allers et retours sans fin que nous réalisions ensemble sur le chemin pentu qui mène à notre maison au Liban. Lorsque nous arrivions sur le seuil, elle répétait avec

1. « La tête dans les nuages et les pieds sur le terrain. »

détermination : « Encore une fois. » C'était sa façon de rejoindre la vie. J'étais fatiguée avant elle. Aïda fonçait, persévérante, tenace.

Pour couvrir la marque de son opération, elle arborait avec élégance pendentifs et sautoirs qui suivaient délicatement la ligne de sa cicatrice. Dix ans plus tard, avec la même ingéniosité, elle maquilla les bleus qui trahissaient sa leucémie. Il ne fallait rien laisser transparaître.

À chaque fois que je rends visite à un patient, je m'arrête quelques instants devant la porte et toque avant d'entrer. La phrase de ma mère – « Elle aurait préféré que tu ne la voies pas comme cela » – continue de me hanter. J'ai appris récemment que ce discours protecteur recouvrait une réalité plus abrupte. Ma grand-mère ne voulait pas que ses petits-enfants conservent d'elle une image dégradée. C'était sa dernière volonté. Elle avait clairement exprimé que nous avions interdiction de la voir. Au début, j'ai pensé que mes tantes me mentaient. Je trouvais cette décision tellement égoïste et injuste qu'elle ne pouvait pas venir de ma grand-mère. Elle n'avait pas le droit de ne pas nous dire au revoir. D'en décider seule. Je me suis revue à quatorze ans, immobile face à la porte de la chambre qui, elle, avait eu le droit de la voir mourir. Attente interminable. Et puis subitement, j'ai déversé sur Aïda sept ans de colère accumulée. Avec le recul, je comprends aujourd'hui que la décision de ma grand-mère était une affaire de dignité. Cela ne veut pas dire que je l'accepte. Je sais simplement que ce n'était ni la faute de ma mère, ni celle de mon âge, ni celle de ma maturité. J'essaie de respecter sa fierté. Je ne suis pas responsable.

Aïda avait l'art de la pudeur. Rarement, je l'ai entendue se dévoiler. Une fois seulement, je l'ai vue triste. Nous déjeunions ensemble autour d'une *quinoa salad* qu'elle avait préparée avec soin. Elle était si satisfaite de ses fameux plats d'Occident cuisinés en Orient. Elle m'expliquait avec entrain comment elle avait appris cette recette d'un autre monde, quand soudain… Silence. Une goutte d'eau perla sur sa joue. Je ne compris pas tout de suite, je continuai à déjeuner le visage fixé sur mon assiette. Aïda ne parlait plus. Je dus relever la tête pour interroger son mutisme. Une seconde larme suivit alors le même chemin que la précédente. Ce n'était donc pas une illusion, Aïda pleurait. J'étais paralysée, je ne savais comment réagir.

« Les hommes m'ont beaucoup fait souffrir dans ma vie, tu sais. »

J'étais déstabilisée, ma grand-mère ne m'avait jamais fait de confidences. Je ne répondis rien et nous resservis trois grandes cuillérées de salade.

« C'est vraiment infect la nourriture, ici ! » Nour repousse son plateau-repas à peine entamé. Du poulet bouilli, des brocolis trop cuits noyés dans un jus d'eau, une part de fromage sous plastique et en dessert, des pruneaux ramollis.

En attente d'une greffe, elle vient d'être hospitalisée dans un service parisien d'hématologie adulte. Avant elle, nous n'avions jamais mis les pieds dans cet hôpital. Nous ne savions même pas qu'il pouvait accueillir des jeunes. Ici, tout est austère. Il n'y a rien d'adapté à sa tranche d'âge. Pas de moyen de poursuivre ses cours à l'université, pas de psychologue dédié, pas d'autres patients qui pourraient la comprendre. Nour baigne dans une ambiance qui a bien plus que son âge. Les deux chambres à côté de la sienne sont respectivement occupées par un sexagénaire et par une jeune femme d'une quarantaine d'années. Pour la première fois dans un hôpital, j'ai froid. Dans le couloir aseptisé qui mène à sa chambre, la puissance des effluves m'étouffe. Une forte odeur d'artichaut qu'on cuit. C'est celle du produit qui permet la conservation des cellules souches entre le prélèvement et la greffe. Je la connais bien, mais c'est la première fois qu'elle me heurte autant. Lors des soirées jeux avec Sibylle, Abdoulaye, Paola et Sofia – aujourd'hui en rémission[1] –, Nour avait confié son inquiétude à l'idée de devoir être transférée dans un nouvel hôpital. Immunodéprimée, elle savait qu'elle devrait y rester confinée pendant plusieurs

1. Dans le cas du cancer, on parle de rémission dès lors que toute trace du cancer a disparu. Au bout d'un certain délai, la rémission devient guérison (source : Institut national du cancer).

semaines, sans aucune autorisation de sortie. Elle avait alors demandé si Aïda y intervenait. Ce n'était pas le cas, mais nous avions fait une exception pour elle. Les soignants du service nous accueillirent chaleureusement : « On n'a rien de dédié à nos jeunes patients ici. Ils se sentent particulièrement seuls. »

À sa demande, Aïda interviendra une à deux fois par semaine à ses côtés. Je suis moi-même rassurée de me dire qu'elle ne sera pas seule. Ses parents sont âgés, elle est fille unique et ne souhaite pas que ses amis la voient en piteux état. Une affaire de dignité, encore.

Nour connaît donc Aïda, mais ne me connaît pas. Dans le sas qui sépare le couloir de sa chambre, mon binôme et moi nous préparons : blouses, charlottes, masques. Je remarque que Clara, la bénévole avec qui je réalise l'intervention, n'arrive pas à positionner sa charlotte correctement. Je mesure la difficulté cachée de l'exercice ; j'en ai fait les frais il y a quelques années, à l'occasion de ma première visite en secteur protégé. Je lui donne un coup de main.

En tenue, il nous faut maintenant nous laver méticuleusement les mains, les poignets, les avant-bras pendant plusieurs minutes. Avec du savon d'abord, puis du gel hydroalcoolique dont l'odeur m'enivre. Nous toquons à la porte, attendons comme à chaque fois sur le seuil et, pour répondre à l'invitation de Nour, nous entrons. Elle nous y a autorisés.

Nour est bavarde. Très bavarde. Elle parle sans s'arrêter et dit tout ce qui lui passe par la tête. La piètre qualité de la nourriture à l'hôpital, la gentillesse de l'aide-soignante, l'austérité de la chambre. Tout est passé au crible de son analyse fine et prolixe. Avec Clara, nous nous présentons. Nour nous questionne sur notre engagement. Clara explique qu'il est né à la suite d'une intervention dans son école. Je réponds que le mien est tout récent. Mon binôme fronce les sourcils. Elle ne comprend pas.

« Ah, bah bienvenue dans l'équipe ! » me lâche Nour avec enthousiasme. J'adresse un clin d'œil à Clara. Elle me regarde, perplexe, mais tient sa langue.

« C'est rare que des jeunes pensent à des jeunes. Avant vous, j'avais mal tout le temps. Grâce à vous, j'oublie. Un jour, je vous rejoindrai. »

Clara comprend mon stratagème. J'aime écouter les patients raconter ce qu'Aïda a changé dans leur quotidien. Sans qu'ils s'y sentent obligés. C'est un moment qui vient donner du sens à mon engagement. En ce moment, j'en ai particulièrement besoin.

Nour continue à parler sans discontinuer. Du haut de ses vingt ans, elle respire la sagesse. Pour cacher son alopécie, elle a noué sur sa tête un foulard aussi rangé qu'elle. Beige à rayures bleu marine. Recroquevillée dans son lit, elle paraît encore plus petite et plus mince qu'elle ne l'est en réalité. Quand nous la faisons rire, ses pommettes saillantes font ressortir ses yeux noirs pétillants. Tout en rattrapant avec entrain les heures de solitude, elle sort un petit carnet rouge enfoui sous son oreiller et propose de partager avec nous quelques extraits de son journal intime. Lorsque Nour nous parle, à Clara et moi, elle parle à Aïda. Nous n'avons passé qu'une heure ensemble mais pour elle nous sommes un tout, un collectif, une somme d'engagements. Elle est en confiance. À travers ses mots, nous découvrons l'ailleurs de son être. Nour est une poétesse. Avec elle, nous nous émerveillons devant la promesse de la nature. Nous ne nous lassons pas de l'écouter. Elle sait si bien décrire les saisons, les éléments, les sensations. Sa chambre devient tour à tour forêt, prairie, jardin de fleurs, océan, infini. Elle s'y promène avec ses mots. Nous la suivons dans la quiétude de chaque lieu. Entre cèdres et oliviers, je retrouve mes montagnes libanaises. Si loin. Un tout de blanc. Je voudrais y rester, mais l'infirmière frappe à la porte pour les médicaments du soir.

Nour déchire une page de son petit carnet et nous la tend. « C'est pour la famille d'Aïda, vous lui transmettrez ? » Clara me devance et récupère le bout de papier. Dans l'ascenseur du service, en sortant de l'hôpital, je déchiffre avec émotion son écriture serrée :

Aïda réveille en nous l'essence de la vie. Je ne sais pas qui était cette femme dont je prononce quotidiennement le nom. Je voudrais les remercier, elle et sa petite-fille. Assurément, cette Aïda devait être un phénomène pour ce que son nom a généré.

Assurément, ma grand-mère était un phénomène. Elle aurait été un parfait personnage de Balzac. Trop abondante, trop débordante. Chacun de ses excès lui était toujours pardonné. Elle était de ces femmes qui rendent les erreurs légères, les vices attachants, les défauts drôles. Aïda sortait démesurément de l'ordinaire. Elle était remarquable. Elle se sentait responsable des difficultés que son entourage pouvait rencontrer. C'était un combat, son combat. On ne pouvait rien lui refuser. Les femmes de notre famille sont fières de cet héritage et tentent de le perpétuer.

« Il faut que vous travailliez, mes enfants, vous ne devez dépendre de personne », martelait-elle en toute occasion. Sa liberté, ce n'était pas seulement jouer un rôle, paraître. C'était aussi et surtout se lancer, réussir, gagner, toujours gagner.

Certains soirs, l'héritage semblait lourd. Aïda était devenue un mythe. Je me demandais parfois si elle avait réellement existé. Les souvenirs de plus en plus nombreux avec l'association éponyme chassaient tranquillement ceux que j'avais avec ma grand-mère. Pourtant, elle n'avait jamais été aussi présente que depuis son départ. Je lui racontais mes moments de doute, de colère, de joie, de tristesse. Je lui parlais, je lui en voulais, je la détestais, je l'aimais. Je voulais m'en détacher mais j'avais besoin d'elle, je le savais.

En milieu scolaire, sur les réseaux sociaux, dans les médias, ma vie avec Aïda était devenue nouvelle, publique, racontée. C'était étrange, je lisais mon histoire. De l'intérieur. De l'extérieur.

À la mort de mon grand-père, qui commentait toutes les publications de l'association (et de ses petits-enfants !) sur les réseaux sociaux, j'ai mesuré la place que ma grand-mère occupait dans la vie de ceux qui partagent mon engagement. Louise, qui n'avait jamais rencontré Jeido, le surnomma « papy Aïda » avec un affectueux respect. Dans une société libanaise patriarcale, il devenait « mari de ». Même après sa mort, elle parvenait à déjouer le système. « C'est notre grand-mère à tous », me confiaient souvent les bénévoles engagés à nos côtés.

Aïda était partout.

Je vais de moins en moins bien. J'ai des trous de mémoire fréquents, des difficultés à me lever tôt et je suis pourtant fatiguée en permanence. Le quotidien est lourd, les responsabilités me pèsent, je me supporte mal. Mes parents et mes amis sont inquiets. Même les éclairs au chocolat n'ont plus d'effet sur moi. Désormais, je travaille uniquement depuis la maison et je ne sors plus que pour quelques sauts incognito à l'hôpital, mais de plus en plus rarement. C'est le seul espace où je me sens encore bien, où je ressens des bribes d'émotion. Enfant, j'avais mathématiquement expliqué à mon père que la vie serait facile pour moi car pour réussir, il suffisait de travailler. Et moi, je ne crains pas le travail, j'aime ça. J'avais omis un élément majeur dans l'équilibre de la vie : la femme et l'homme sont des êtres de relation. Nous ne sommes pas faits pour être des machines de travail et pourtant, c'est parfois ce que la société attend de nous. Dans l'entrepreneuriat, ou dans l'engagement, à l'hôpital ou ailleurs, prendre soin de soi et de sa santé mentale est essentiel. Aujourd'hui, autour de moi, je côtoie de plus en plus de personnes qui se retrouvent confrontées à cette détresse. Ça n'est plus un tabou. Si je vous en parle, c'est que cela peut arriver à tout le monde, même à ceux qui, comme moi, se croient forts. La santé, qu'elle soit mentale ou physique, est notre responsabilité à tous. Autour de vous, n'hésitez jamais à demander de l'aide.

Un soir donc, dans ma chambre, je me suis effondrée. Palpitations, attaque de panique, réflexe de survie. Ambulance, lumière bleutée, cris de ma mère.

Anxiolytiques, électrocardiogramme, hospitalisation.

Mon corps s'était arrêté pour me signaler qu'il fallait faire une pause. Il avait raison.

À ma sortie de l'hôpital, une de mes amies proches m'a proposé de partir avec elle en vacances, histoire de me changer les idées. J'imaginais alors les plages du sud de la France, la chaleur des côtes libanaises, l'aventure des montagnes. Les lectures sur une chaise longue, les marshmallows grillés au feu de bois, les virées en catamaran.

Choc de cultures : le lieu de notre villégiature était un couvent. Après deux heures d'une route verdoyante qui m'éloignait du bruit et du stress parisiens, nous sommes arrivées peu après la tombée de la nuit dans une petite commune de cinq cents habitants. À l'extrémité, en hauteur, se trouve le monastère. Les sœurs de la communauté nous ont accompagnées dans nos cellules, blanches, sobres, petites. Un lit, une table, une croix. La première nuit, j'ai mal dormi : seule avec le plafond, je me demandais comment j'en étais arrivée là.

6 h 15. Réveil. Pas de chance, je viens de m'assoupir. La main qui frappe à la porte se fait insistante. Je me lève.

6 h 45. Office des laudes. Je suis restée en pyjama rose et jaune. Nous sommes toutes les deux entourées de douze bonnes sœurs qui ne se laissent pas déconcentrer par ma tenue et chantent de tout leur cœur dans une langue qui m'est étrangère. J'apprendrai plus tard que c'est du chant grégorien. Dans un monde parallèle, je me laisse bercer. Une des sœurs me sourit, me tend un livret ouvert à la bonne page et m'invite à chanter.

Flashback.

Au collège, mon professeur de musique me martyrisait en me forçant à chanter *a capella* devant toute la classe. J'étais l'exemple de ce qu'il fallait éviter à tout prix. Croyez-moi, l'époque de la flûte à bec me manquait.

Playback.

Dans un agencement parfaitement millimétré s'enchaînent offices, jardinage, repas, messe, tâches ménagères, prière, bricolage. À la fin de cette première journée, je suis tellement exténuée que je m'écroule sur mon lit, tout habillée.

Deuxième jour. 6 h 15. Réveil. Cette fois, je suis prévenue psychologiquement. Je me lève plus facilement. 6 h 45. Laudes. Je ne suis pas en pyjama mais j'ai les mêmes habits que la veille.

Playback.

Plus tard dans la journée, je retrouve dans le potager la sœur jardinière qui a besoin d'aide pour ramasser les premières fraises. Je suis de très bonne volonté mais n'ai jamais rencontré de fraisier de ma vie. À Paris, les fraises, je les côtoie en barquettes. Ceux qui me connaissent imaginent bien la scène. Autour de moi, je cherche désespérément un arbre sur lequel pousseraient des fraises. Sœur jardinière soupire. À ce moment-là, la sœur qui m'avait tendu le livret la veille traverse le jardin. Sœur livret comprend la situation, réprime un fou rire et pointe le sol avec insistance. Je baisse les yeux et, miracle, les fraises apparaissent. Je remplis alors le panier en osier prévu à cet effet et, enchantée de ma récolte, le tends avec un immense sourire à sœur jardinière. Elle me fait signe de rejoindre sœur livret. Les fraises permettront de faire sa connaissance et accessoirement de préparer des confitures.

J'ai l'impression de la connaître déjà. Il y a quelque chose dans son visage de rond, de doux, de rassurant. Je sens qu'elle me veut du bien. Elle est en costume, son voile blanc au liseré bordeaux recouvre scrupuleusement toute sa chevelure. Je devine qu'elle est brune. Assise face à elle dans la cuisine, en équeutant les fraises, je lui confie mon histoire. Elle ne dit rien et m'écoute avec attention. Elle hoche la tête, me regarde droit dans les yeux et intériorise. Elle ne me félicite pas pour mon parcours. Je suis déstabilisée, déçue, soulagée. Je suis heureuse qu'on ne m'identifie pas seulement à ce que j'ai créé et en même temps, je ne peux plus me raccrocher à rien.

Les jours passent et je m'habitue peu à peu à ma nouvelle vie. Pour me déconditionner, j'ai choisi de laisser mon téléphone au standard et le consulte seulement deux fois par jour pour prendre des nouvelles de mon équipe et rassurer ma famille. J'apprends à profiter du moment présent. Je découvre les repas en silence et les fous rires qui y sont associés, la corvée de vaisselle qui n'en finit jamais mais me nettoie la tête, l'épluchage de pommes de terre qui précède presque tous les repas. Mes moments préférés sont les balades en forêt. Les sœurs m'impressionnent, elles peuvent marcher des kilomètres sans montrer le moindre signe de fatigue. J'ai du mal à les suivre. Elles me rappellent Aïda.

J'étais arrivée sans vraiment savoir à quoi m'attendre. Je voulais juste que l'on prenne soin de moi parce que je ne pouvais plus le faire moi-même. Sur place, entourée par les sœurs, j'ai réappris à vivre, autrement. À accueillir la vie comme elle se présentait, à ne pas chercher à avoir toujours un coup d'avance, à ralentir, à prendre le temps. J'ai même envisagé de rester. Sœur livret-confiture m'a fait atterrir.

Dans le parloir, comme dans la cour de récréation de mon primaire, je me suis assise par terre. J'ai posé ma tête sur mes genoux pour cacher les larmes qui commençaient à couler. Sœur livret m'avait proposé des temps de rencontre réguliers pour m'aider à me relever.

« C'est important ce que tu fais avec Aïda. Avant, j'étais soignante, dans un service de cancérologie. Quand je servais un malade, j'étais à genoux devant lui. J'étais à genoux devant Dieu. »

À ce moment, je n'ai pas tout à fait compris la portée de ses paroles ni le parallèle qu'elle établissait. Je n'étais ni soignante, ni pratiquante. J'ai simplement pensé à Ethan. Sa mère aimait à répéter que la grandeur de l'Homme réside dans sa capacité à se mettre à genoux devant plus petit que lui. On reconnaît l'infiniment grand dans l'infiniment petit.

Dans les jours qui ont suivi, son témoignage a cheminé. J'ai compris qu'il y avait dans tout engagement une dimension de service. Ce n'est ni un appel, ni une vocation. Loin de là. Il n'est pas de ma responsabilité de tout porter, de tout contrôler, de tout agencer. Il est de ma responsabilité de servir les intérêts d'une cause qui me dépasse. De faire de mon mieux. Et de lâcher prise. Atterrissage.

J'ai quitté l'abbaye au bout de trois semaines. Ce n'est pas une potion magique – bien sûr – mais je me sens plus légère. À mon retour, j'apprends que Nour ne va pas bien et est en attente urgente pour sa greffe. Je file lui rendre visite. Un jour, quand elle ira mieux, je lui raconterai en détail cette parenthèse surréaliste. Peut-être en fera-t-elle un poème ? Avant d'entrer dans sa chambre, je procède au rituel : blouse, masque, charlotte, lavage des mains, savon, gel hydroalcoolique.

Je toque. J'attends le signal et j'entre. Il y a des habitudes qui ne se perdent pas. Dans sa chambre, Nour est en jogging beige. Elle me sourit faiblement mais lève le pouce pour me signifier qu'elle est heureuse de me voir. Pendant cette visite, je suis la seule à parler. Je sens qu'elle concentre son énergie. Il lui reste une bataille à mener, c'est la plus importante.

Je commence à retourner au bureau, je suis heureuse de retrouver mon équipe, je savoure chaque bonne nouvelle reçue. Un mardi matin, au début du mois de juin, nous recevons un courriel qui sort de l'ordinaire, envoyé par la Maison centrale de Poissy en Île-de-France. Le message présente l'association Robins des Murs, créée par Réda et un collectif de détenus. Par le sport, ils souhaitent soutenir Aïda et collecter des fonds pour financer nos actions. Nous tombons des nues.

Pour être tout à fait honnête, notre première réaction a été l'incompréhension. Nous ne comprenions pas ce que nous pouvions apporter dans une prison et quel sens aurait leur engagement à nos côtés. La peur a suivi. Pourquoi étaient-ils détenus ? Comment nous connaissaient-ils ? Le courrier mentionnait très clairement mon nom, mon prénom ainsi que ceux de plusieurs camarades. Un visiteur de prison avait vanté les missions d'Aïda auprès des Robins des Murs. Immédiatement, ils avaient été touchés par notre histoire. Réda et son équipe voulaient absolument travailler avec nous. Nous y allons. Nous ne sommes pas là pour faire justice.

Ma première rencontre avec Réda a eu lieu quelques semaines plus tard. Je me suis rendue à la Maison centrale avec Ilona, Alice et un groupe de bénévoles que je rencontrais pour la première fois. Parmi eux, David, le seul garçon, assistant vétérinaire dans la vie et fervent coureur pour Aïda les week-ends, s'apprêtait lui aussi à participer au challenge sportif lancé par les détenus. Nous étions six femmes et un homme – un ratio relativement classique chez Aïda. Avec ses compagnons sur place, accompagnés par deux associations intervenant régulièrement dans la prison[1], Réda avait imaginé depuis sa cellule les rouages de ce premier événement. Dans la cour rectangulaire de la Maison centrale, il devrait parcourir au moins cent dix kilomètres en moins de onze heures. La collecte associée à l'événement était abondée par les familles des détenus, des sympathisants de l'initiative et quelques entreprises associées. En parallèle de la course d'endurance de Réda, d'autres détenus devraient s'élancer sur un semi-marathon. Une organisation millimétrée pour la direction de la prison. Une première.

À l'entrée, nous abandonnons nos téléphones portables, nos blousons, nos clés. Tout objet superflu. Nous franchissons de multiples grilles avant d'arriver dans la promenade, une cour de cent quarante mètres de diamètre. Pour me déplacer, je suis accompagnée par deux surveillants. Dans le gymnase couvert, les Robins des Murs préparent le ravitaillement pour la course de Réda. C'est le chef de bande, le frère aîné de la fratrie, le

1. Léo Lagrange (www.leolagrange.org) et Champ Libre (www.champlibre.info), qui font un travail formidable que je vous invite à découvrir.

leader. Chacun se mobilise autour de lui. Samy, son plus fervent soutien, un détenu d'une quarantaine d'années à l'accent du sud-ouest, me reconnaît et s'approche en courant : « Merci d'être venue, on est vraiment heureux de faire ça pour Aïda. Ça fait des mois qu'on se prépare ! »

Autour de moi, tout semble surréaliste. Je n'ai plus de montre, plus de téléphone, plus de repère. Je suis déboussolée. Samy, grand sourire, me tend un T-shirt blanc et rose aux couleurs des Robins des Murs. « Tu pourras le mettre pour courir avec Réda. »

J'avais omis ce détail : je dois lancer l'événement en parcourant les premiers kilomètres avec Réda. D'autres prendront ensuite le relais, chacun à leur tour, tout au long de la journée. Samy m'introduit auprès du reste de la bande. Tous me serrent la main et semblent sincèrement heureux que nous ayons fait le déplacement. Dans cet univers masculin, je suis surprise de croiser une femme d'une quarantaine d'années. C'est la première que je rencontre depuis que nous sommes entrés. C'est une des directrices adjointes, Mme Lorentz. Son sourire est chaleureux. Sa poignée de main est ferme.

« Il paraît qu'on va devoir courir ensemble pour lancer Réda ! »

Je me retiens de rire, elle m'a complètement détendue. En attachant sa crinière rousse frisée, elle propose aux bénévoles d'Aïda de l'aider à apporter les packs d'eau autour de la piste. Ils s'exécutent immédiatement. Mme Lorentz est le parfait mélange entre chaleur et autorité, humour et professionnalisme, ouverture et fermeté. Son équilibre est maîtrisé à la perfection. Elle travaille à la Maison centrale depuis plusieurs années, connaît parfaitement le terrain et sait le défendre.

Réda est le seul qui manque à l'appel. Son prénom est sur toutes les lèvres, mais je ne l'ai pas encore rencontré. Mme Lorentz me fait signe de la suivre. Nous traversons le gymnase, longeons un couloir et nous retrouvons dans une petite salle, très étroite. Sur le sol, des tas de T-shirts blancs et roses, des barres de céréales, des vêtements de sport de rechange. Tout d'un coup, Réda sort des douches. Il est grand, mince, élancé. Il nous sourit vivement et s'approche de moi pour me serrer la main. « Je suis vraiment content que tu sois venue. Je vais tout donner pour la cause. »

Les mots justes me manquent. Je le remercie simplement, le félicite pour son engagement et lui signale que tout le reste de l'équipe a déjà pris position autour de la promenade. Réda parle peu. Il est humble. Il sait pourquoi il est là et veut purger sa peine. Lorsqu'il sortira, dans quelques années, il sera un autre homme. Assurément. Je ne sais pas ce qu'il a fait, je ne veux pas le savoir. Je sens dans son regard qu'il veut se sentir utile.

Mme Lorentz et moi nous élançons péniblement derrière Réda. Autour de nous, les applaudissements des détenus présents se mêlent au tintement des barreaux de ceux qui n'ont pas le droit de sortir. Dans les oreilles de Réda, *Oops!... I did it again* de Britney Spears. Un autre monde. Au bout du cinquième tour, j'ai un point de côté mais, par respect pour les onze prochaines heures pendant lesquelles Réda s'apprête à tout donner, je ne m'arrête pas. À chaque passage, nous voyons les mêmes traces sur le sol, les mêmes murs, les mêmes graffitis, les mêmes visages. Pas de paysage, pas d'horizon. Nous tournons en rond. En carré, plutôt. Les kilomètres sont comptabilisés au fur et à mesure par Samy et Reinald, le coordinateur socio-sportif aux mille idées. Premier kilomètre. Deuxième. Cinquième. Sixième. Je cède ma place.

À tour de rôle, chacun s'élance pour accompagner l'exploit de Réda. Il y a dans cette ambiance décalée quelque chose de naturel, d'humble, de bienveillant. Tous savent pourquoi ils sont là. Les surveillants, les détenus, les personnels de santé, les bénévoles d'Aïda, la direction de la prison, les médias venus couvrir l'événement. Réda ne doit pas courir seul. On se relaie. Prises dans l'euphorie du moment, Mme Lorentz et moi y retournons. Un tour, deux tours, dix tours. Monotonie. Réda, lui, est concentré. Il adresse parfois quelques sourires à ceux qui le rejoignent, mais reste dans sa bulle. Je me demande à quoi il réfléchit. À quoi peut penser un détenu de longue peine qui s'est lancé le défi incroyable de parcourir cent dix kilomètres dans un esprit d'entraide ? J'accélère le rythme et me rapproche de Réda. Pour que je parvienne à le rejoindre, il ralentit un peu.

« Merci Réda. »

Silence.

« Merci à toi. Quand je faiblis, je pense à Aïda et à ces jeunes que vous aidez. Quand je sortirai, je vous rejoindrai. En attendant, je fais ce que je peux, d'ici. »

Silence à nouveau. J'ai hâte du combo Nour-Réda.

« Tu sais j'ai fait quelque chose de grave. C'est normal que je sois ici. »

Je ne dis rien et me concentre sur ma course. Ce n'est pas le moment de faiblir.

Réda court maintenant depuis huit heures et trente minutes. Samy, qui est dans un état de surexcitation palpable face à l'exploit de son ami, soulève régulièrement le panneau pour indiquer le nombre de kilomètres parcourus. Il est l'acolyte idéal. À ce moment-là, David prend ma place et choisit de courir les derniers kilomètres avec Réda. Des surveillants et détenus les rejoignent. Essoufflée, je regarde le chronomètre de Reinald avec insistance. Plus que dix kilomètres.

Réda s'est désormais terré dans le silence. Il est dans les temps. Il se concentre sur sa respiration, regarde fixement le sol et canalise sa course. Il peut y arriver en moins de dix heures. Il ne faut ni accélérer, ni ralentir. Garder la cadence. Le contrôle. Six kilomètres. Samy sautille dans tous les sens. Réda va y arriver, il le sait, il est tellement heureux. Il s'approche de moi et me secoue avec enthousiasme. Je suis sur une autre planète.

Quatre kilomètres. De plus en plus de détenus rejoignent la promenade. Chacun veut assister à l'exploit de Réda.

Deux kilomètres. Mme Lorentz noue ses lacets.

Un kilomètre. Reinald nous fait signe de nous préparer. Réda y est presque.

Cinq cents mètres. Nous rentrons tous en piste derrière lui. Nos capacités physiques sont hétérogènes mais nous courons en un même bloc.

Cent quarante mètres. C'est la dernière longueur. Je retiens mon souffle en courant. Autour de la cour, les détenus et surveillants sont massés. Samy nous rejoint pour les derniers mètres avec Réda qui accélère. Il est loin devant. Applaudissements. De plus en plus vite. Percussions sur les barreaux des cellules. J'ai les larmes aux yeux. Coup de sifflet. Cris de joie. Réda lève les mains au ciel, ralentit le temps d'une dernière longueur, et s'arrête net. Il a réussi. Cent dix kilomètres en neuf heures vingt pour soutenir Aïda.

La greffe de Nour a bien pris. Elle est épuisée et sait que rien n'est encore gagné. Le chemin reste long, mais je sens qu'elle a passé une étape. Dans son petit carnet rouge, elle s'est remise à écrire. Avec son style fluide, ses phrases poétiques, ses anaphores rythmées, elle raconte le jour de sa naissance. Pas celui d'il y a vingt-deux ans. Non. Celui de sa deuxième naissance qui marque le début du reste de sa vie. Bientôt, elle sortira de l'hôpital.

Chaque année depuis cette première rencontre avec Réda, les Robins des Murs se mobilisent pour soutenir Aïda. La nouvelle direction de Poissy soutient encore aujourd'hui le projet avec l'appui de Mme Douceret. Passage de relais. Les exploits réalisés sont toujours plus impressionnants : vingt-quatre heures de course sans s'arrêter, trois cents kilomètres au sein de la Maison centrale. Les Robins font partie de l'histoire d'Aïda. Ils nous ont fait courir, réfléchir, remettre en question nos préjugés, accueillir la diversité des trajectoires. Avec eux, nous avons grandi.

Dans le gymnase, les histoires fusent. Personne n'aurait pu imaginer les entendre se mêler un jour. C'est la singularité de l'engagement. Entouré par ses supporters, Réda me fait signe de le rejoindre pour une prise de parole commune. Autour de moi, derrière les cicatrices, les regards marqués par le temps qu'ils passent en prison, j'accueille les sourires béats, émerveillés par la légèreté de l'instant. Pour la première fois depuis longtemps, je suis émue. L'engagement n'a pas de limites, pas même les murs d'une prison.

Réda prend la parole : « C'est promis, chaque année, on remet ça à la même date. »

J'ai fêté mon anniversaire dix-huit jours plus tard. Je n'avais donc rien prévu de particulier. Pas de challenge hors du commun, pas de collecte au profit d'Aïda, pas d'appel aux dons. C'était ma journée d'anniversaire et j'allais la passer avec Alexandra et Éloi. Ensuite, nous dînerions en famille. Dans la chambre d'Alexandra, nous cherchions toutes les deux des boucles d'oreilles assorties à la tenue que j'avais choisie pour le dîner. Un jean noir avec un pull blanc. Simple. Efficace. Alexandra ne semblait pas de cet avis. Elle voulait absolument que j'essaie une autre tenue.

« On n'a pas tous les jours dix-neuf ans ! »

Pendant une dizaine de minutes, elle a fouillé dans sa penderie et a brandi, victorieuse, une robe d'été à fleurs bleues. Je n'étais pas convaincue mais j'ai cédé. J'avais faim. Alexandra m'a fixée longuement et a replongé dans son armoire. Il manquait une ceinture. En cuir, marron. Mon amie a fait un pas en arrière. Je m'impatientais, j'avais vraiment faim. Alexandra a grimacé. « En fait, je préfère le jean. Ça ne va pas du tout là. »

Je l'ai regardée ahurie et me suis changée mécaniquement. Ensuite, Alexandra a oublié ses chaussures, puis son téléphone, puis ses clés dans la chambre. J'aurais presque pu croire qu'elle le faisait exprès. À plusieurs reprises, j'ai cru que j'allais la tuer. Dans le plus grand calme, elle m'a lancé : « Monte à pied, meuf, ça va te faire un peu de sport, c'est bien ! »

Je respire. Je me calme, la suis et gravis deux à deux les marches qui séparent le rez-de-chaussée du troisième étage. Depuis quinze ans, nous habitons toutes les deux dans le même immeuble. Alexandra sonne à ma porte. Ma petite sœur nous accueille. Elle a un petit air malicieux et je soupçonne une bêtise imminente. La porte s'ouvre en grand, la lumière s'allume, une nuée de confettis tourbillonne dans les airs. Mes parents, mon frère, ma sœur, mon grand-père et mon institutrice de maternelle sont entourés dc mes amis.

Yashoda, Éloi, Alix, Grégoire, Prashamsa, Nour, Eva, Céleste, Ilona, Paul…

« Surprise ! »

Beyrouth, 9 juillet 2006

Surprise !

Ma mère nous avait réunis dans le salon pour nous annoncer, à mon frère et moi, une grande nouvelle : ce soir, nous irions chez mes cousins pour assister à la finale de la Coupe du monde de football. Nous avons sauté de joie.

Depuis quelques jours, la situation à Beyrouth et dans toute la région était tendue. Le début de la guerre était imminent.

Blottis les uns contre les autres, enroulés dans le drapeau français, nous ne parvenions pas à quitter l'écran des yeux. L'arbitre avait sifflé une faute de Materazzi sur Malouda dans la surface de réparation. Pénalty.

Le numéro 10 s'approche du ballon calmement. Il recule, effectue trois petits pas et tire d'un geste aérien.

Panenka.

Le ballon rebondit sur la transversale et passe la ligne. C'est un but pour la France signé Zinédine Zidane !

Ce soir-là, dans les rues de Beyrouth qui se préparaient aux bombardements, nous avons déployé le drapeau tricolore et hurlé à pleins poumons : « Vive la France ! »

6

Faire la playlist pour la soirée

Pour son premier match de Coupe du Monde 2018, la France affronte l'Australie. À l'hôpital, le football occupe une place particulière et chacun – fervent connaisseur, simple amateur ou supporter poli et patriote – se prête au jeu. Nous faisons de chaque tournoi sportif une célébration, une fête qui se prépare et où tous les détails comptent. Avec le stick de maquillage tricolore qui passe de main en main, nous traçons sur nos joues le drapeau français. On joue collectif. Dans le brouhaha de la salle patients où flottent des ballons bleus, blancs et rouges, Abdoulaye-Léo se précipite vers moi et m'attrape par l'épaule pour me maquiller. Une sensation grasse, épaisse, collante et pourtant j'aime. Certains vont jusqu'à porter des perruques tricolores, accessoires indispensables dans la fan-zone improvisée de l'hôpital, d'autres endossent le maillot de leur joueur favori. Je porte le mien, je sais à ses manches larges qu'il est vintage. Numéro 10. Zizou. Sandra, une préado d'un autre service, pailletée de la tête aux pieds, déchiffre « Zinédine Zidane ».

« C'est qui ? » Je m'étouffe.

« C'est LE joueur, un des meilleurs buteurs de l'histoire. Il a été capitaine de l'équipe de France et a arrêté sa carrière en 2006. »

Je repense au coup de boule de Zidane à Materazzi. Quand nous avons fui le Liban en 2006, par la Syrie, puis par l'Italie, c'était une actualité brûlante. Mon frère et moi avions scandé « Allez les Bleus ! Vive la France » dans l'aéroport de Rome-Fiumicino sous le regard courroucé de notre mère qui comptait, elle, jouer le carton de la discrétion.

Sandra me regarde, perplexe. Elle ne sait pas si j'invente ou si je suis sincère. Je lui montre la page Wikipédia du joueur et lui énonce avec enthousiasme son palmarès complet.

« C'est bizarre, tu es jeune et vieille en même temps. Une jeune-vieille quoi. »

Elle n'a pas tort. J'éclate de rire.

Sur le mur blanc qui fait office d'écran, Antoine Griezmann marque enfin à la cinquante-huitième minute. 1-0. Dans la fan-salle patients, c'est l'euphorie. On chante, on danse, on veut déjà « ramener la coupe à la maison ». Seuls quelques dissidents arborent le drapeau australien. D'un coup, ils se lèvent. Soixante-deuxième minute.

Un partout. Dans nos rangs, c'est la consternation. On s'engueule, on crie. Deux jeunes s'insultent, nous les séparons. Les dernières minutes de jeu arrivent. Les regards sont rivés sur la retransmission en direct. Silence total. Nous retenons notre souffle. La tension est à son paroxysme. Sandra me serre le bras, fort. C'est alors que l'incroyable se produit : un défenseur australien marque contre son camp. Coup de sifflet, fin du match. Hystérie généralisée. Tous ceux qui le peuvent sont debout, sautent de joie, se prennent dans les bras. Les autres applaudissent et sifflent. On s'y croirait. Cette première victoire n'est pas vraiment glorieuse mais nous avons gagné. C'est ce que l'histoire retiendra. Allez les Bleus !

Dans la salle de cinéma de Bourj Hammoud au Liban, Aïda ne parvenait pas à quitter l'écran des yeux. Assise au premier rang dans un fauteuil capitonné rouge, elle absorbait les images en noir et blanc qui s'enchaînaient. La première bobine. Il y en avait six en tout : c'était prometteur. Autour d'elle, les lumières s'étaient éteintes, le rideau cramoisi s'était ouvert et, religieusement, les spectateurs s'étaient tus. On n'entendait plus que le grésillement persistant de la projection. Sur le fil. Cette année-là, Aïda avait quinze ans. Elle avait beau être une habituée des salles, elle était à chaque fois aussi excitée qu'à son premier film. Elle aimait cette ambiance festive, s'apprêtait avec soin et arrivait très en avance pour être sûre d'avoir la place du premier rang. La meilleure selon elle. Elle se sentait dans le film, au cœur de l'action. Envoûtée.

« Apparemment, il te manque une part de notre histoire. »

En prononçant cette phrase, Alain, le frère d'Aïda, a l'œil qui frise. Nous sommes connectés en visioconférence et, à ma demande, il s'apprête à me raconter des pans de sa jeunesse avec sa sœur. Leur passion commune pour le septième art vient de leur père, distributeur de films au Liban. J'apprends que dans les années 1960, le pays comptait une dizaine de cinémas. De nombreux producteurs et réalisateurs étaient venus d'Égypte, bassin de la cinématographie au Moyen-Orient. Ils apportèrent savoir-faire et moyens financiers. Aïda était née dans cette culture, y avait grandi et rêvait de mourir sur scène, comme le chante Dalida[1]. Mon enfance en chansons, dans la voiture, avec mes cousins.

Ma vie a brûlé sous trop de lumières
Je ne peux pas partir dans l'ombre.

Aïda n'est pas morte dans l'ombre. Sa famille, ses amis étaient venus de partout pour lui rendre un dernier hommage, pour l'entourer, pour la mettre en lumière. Une orchestration spectaculaire. Sous le feu des projecteurs.

1. *Mourir sur scène*, Dalida, 1983.

« Tu sais, les femmes dans notre famille sont traditionnellement tournées vers l'entrepreneuriat. Beaucoup ont été des pionnières. Tu peux en être fière. »

Je ne savais pas. Face à mon oncle à des milliers de kilomètres de moi, j'ai l'impression d'être au cinéma. Pour moi aussi, le rideau s'ouvre. Je découvre ma famille sous un jour nouveau.

Derrière l'écran, je suis surexcitée et impatiente d'en apprendre plus sur mes grands-tantes. Alain comprend mon enthousiasme et cite Assia Dagher et Mary Queeny. « Regarde en ligne, tu ne vas pas être déçue ! »

Je n'avais jamais entendu parler d'elles auparavant. La première, mon arrière-grand-tante, était productrice de film. À seize ans, elle avait fui le Liban et son Tannourine[1] natal pour échapper à un mariage forcé. Un acte de courage et de résistance. Personne ne sait comment elle avait réussi à rallier l'Égypte. Quelques années plus tard, à la fin des années 1920, elle avait fait venir ses nièces, Mary et Hind – mon arrière-grand-mère. Là-bas, Assia Dagher et Mary Queeny connurent une carrière fulgurante. Productrice de renom pour la première, actrice iconique pour la seconde. La première à tourner sans voile, historique. Ensemble, elles construisirent un empire cinématographique tourné vers l'émancipation des femmes.

1. Village isolé dans le nord du Liban, à quatre-vingts kilomètres de Beyrouth – environ seize heures de marche.

« Mary Queeny présente… »

Femmes sans hommes, sorti en 1953. Sur l'écran, Mary Queeny, enthousiaste, assiste à la revue de cabaret qui s'offre à elle. Des étoiles dans les yeux, le sens de la fête, l'amour de la danse. C'est son dernier film. Je la découvre en robe bustier blanche avec un châle de mousseline qui recouvre nonchalamment ses épaules. Pleine de grâce et sûre de son pouvoir. Elle maîtrise. Une rivière de diamants et des boucles d'oreilles assorties subliment sa tenue. Assurément, elle a du caractère.

Au moment de la sortie du film, Aïda a quinze ans. Je ne sais pas ce qu'elle a pu ressentir devant ces images qui couronnent le succès de ses tantes. Quoi qu'il en soit, c'est une part importante de son héritage : les écrans, la scène, l'art, le chant ont rythmé son enfance et sa jeunesse. En famille, ils aimaient à reprendre en chœur les mélodies traditionnelles libanaises. Il paraît même qu'ils s'enregistraient : de grands moments ! Aïda et sa sœur, Afaf, ont aussi tourné dans un film. Une époque révolue. Dommage, j'aurais vraiment adoré être là ! Je commence à comprendre ce que signifie « le bon temps » qu'évoquait mon grand-père avec nostalgie. L'urgence de l'extraordinaire. *The Great Gatsby* revisité à l'orientale.

De prime abord, Aïda était une fête. Tout était prétexte à célébration : un bon bulletin de notes, un concours réussi, des retrouvailles, un anniversaire. Une année, pour celui de mon père – son gendre – elle avait sorti le grand jeu en invitant une chanteuse qu'elle connaissait bien. Très vite, la voix de ma grand-mère couvrit celle de la professionnelle. Elle chantait juste, vibrait. En arabe, avec puissance et grâce.

Al Boosta – Fairuz.

Au rugissement du bus qui nous menait
de Hemlaya à Tannourine…

C'était chez elle. Elle chantait à pleins poumons en claquant des doigts au rythme de la musique.

Je me suis souvenu de toi Alya…

Alya, c'était comme Aïda. Un jeu de mots facile dont elle se saisissait à chaque occasion. Tania, aînée des petits-enfants, suivait le mouvement tandis que les plus jeunes d'entre nous riaient aux éclats. Aujourd'hui, lorsque j'écoute cette chanson, j'anticipe le moment où il faudra crier : « Aïda ! »

En fin de soirée, alors que la musique orientale battait son plein, Aïda lança, aidée de son frère Alain, une dabké, cette danse folklorique orientale qu'elle possédait parfaitement. Infatigable, elle entraînait la famille par la main et menait la danse. Accroupie, se relevant, tapant du pied, rebondissant sur le sol, recommençant, ça ne s'arrêtait jamais. La famille demandait grâce. Au rythme de la darbouka, elle faisait tournoyer sa serviette de table blanche. On la sentait vivante, heureuse.

Partout où elle allait, Aïda était systématiquement remarquée. Son apparence raffinée, sa prestance instantanée faisaient l'unanimité. Tous ceux qui l'ont croisée s'en souviennent. Son art de vivre était unique. Sa disposition d'esprit lui permettait d'exprimer les choses graves avec humour, de jongler avec une aisance exagérée entre frivolités et drames, de toucher intensément les cœurs de ceux qui croisaient son chemin.

Je sais maintenant qu'Aïda était mondaine pour ne pas être seule. Elle détestait cette solitude qui laissait trop de place aux souvenirs douloureux, aux regrets figés, à la nostalgie du temps qui passe. Aïda avait l'âge de ses blessures. Comme si elle s'était arrêtée de vieillir à l'instant qui l'avait arrachée à ses racines. Logiquement, ma grand-mère avait donc moins de quarante ans. C'était d'ailleurs ce qu'elle aimait à me répéter. J'ai grandi en pensant naïvement qu'elle était plus jeune que mon père. À l'aune de la tradition libanaise qui aurait pu l'anesthésier, elle trouva mille et une ruses pour raviver la femme. Soirées entre amies, dîners mondains, théâtre, cinéma. C'était une histoire d'équilibre : il fallait faire sa place, inventer un espace d'expression dans le carcan d'une société libanaise trop patriarcale. Créer. Savoir choisir ses combats. D'essence, Aïda était libre.

« Quand tu sors de traitement, tu ne te sens pas vraiment libre. T'as une putain d'épée de Damoclès au-dessus de la tête. »

Nour est en train de plier ses habits. Elle les range soigneusement dans sa valise bleu marine. Dans quelques heures, elle quittera l'hôpital et rentrera chez elle. Ses cheveux ont commencé à repousser. Pour célébrer, Sofia, en rémission depuis quelques mois, a fait le déplacement. Depuis leur rencontre à l'hôpital, les deux jeunes femmes sont devenues inséparables. À tour de rôle, elles endossent la responsabilité de grande sœur l'une pour l'autre. Elles se tirent vers le haut. De l'extérieur, c'est beau à voir.

« Mes cheveux sont plus doux depuis la chimio, tu ne trouves pas, Moukanas ? »

Sofia se lève, esquisse un petit pas de danse à gauche, passe sa main droite dans ses cheveux courts et s'écrie : « CHIMIO, parce que je le vaux bien ! »

Nour éclate de rire devant le numéro de cirque de son amie. L'humour aide à avancer. Sofia a raté les concours pour intégrer l'école de ses rêves. Elle était épuisée par les traitements et avait manqué trop de cours. Elle était perdue et la prépa n'avait pas su l'aider. « Faire pour un, c'est plus dur que faire pour tous. »

Nour et moi savons que les derniers mois ont été douloureux pour Sofia. Mais elle ne veut rien montrer. C'est sa façon de crier qu'elle est plus forte que la maladie. Que rien ne l'affecte.

« On s'en fout, je serai astronaute avec un parcours plus stylé que les autres. »

Sofia ne sait pas encore de quoi l'année prochaine sera faite. À chaque jour suffit sa peine. Après l'échec de son concours, elle a pris les quelques mois qui la séparent de la fin de l'année scolaire pour réfléchir. Sa mère a loué en banlieue parisienne un appartement qu'elles garderont jusqu'à la fin de l'été. Pour gagner un peu d'argent, elle donne des cours particuliers de mathématiques. Comme si de rien n'était.

Sofia questionne son amie : « Bon, alors, de quoi t'as envie pour cette première journée dehors, Nour ? » Je lis dans son regard qu'elle cherche une réponse. Elle n'y avait pas réfléchi. Jusqu'à maintenant, elle n'arrivait pas à envisager la suite. Elle est tombée malade, a rechuté, a été greffée, et maintenant elle est là, prête à quitter « définitivement » l'hôpital pour la seconde fois. Elle cherche la sortie. Pour aller où ? Pour faire quoi ? Dans quel sens ?

Nour sort de son mutisme. « On va manger un dessert toutes ensemble, les filles, puis on se pose aux Buttes-Chaumont ? » La réponse satisfait Sofia. Nous commandons chacune un écart à la hauteur de l'événement. Nour opte pour un cookie glacé à cinq étages, Sofia choisit un bocal de bonbons assortis, nappés de caramel au beurre salé. Je commande un saladier de mousse au chocolat aux marshmallows. Nous nous sommes régalées. Même pas malades.

« Chez Aïda, on a un traiteur qui offre les desserts ou je dois demander des devis ? »

Au bureau d'Aïda, il faut s'attendre à des questions aussi légères que graves. Ce style désarçonne parfois ceux qui décident de passer quelques jours ou semaines à nos côtés mais ils s'y habituent vite.

Au quotidien, les équipes apprennent à jongler avec le meilleur comme le pire. Je peux assister à un enterrement le matin, me rendre ensuite à un déjeuner de travail et filer présenter Aïda dans une école l'après-midi. Accueillir un patient qui vient nous annoncer qu'il est en rémission et en parallèle apprendre la rechute d'un autre. Accompagner un jeune qui vit avec nous ses dernières heures. Le soir, en rentrant, prendre le temps d'écouter une copine qui raconte comment son ex l'a larguée, ou même me transformer en *love coach* pour un jeune patient, amoureux pour la première fois.

« T'as un peu de temps devant toi ? Je voudrais te parler d'un truc hyper important. » L'appel vient de Toulouse. Je m'assieds, je me prépare au pire : « Je suis fou amoureux de ma coordinatrice de soins. Toi qui la connais, tu pourrais la sonder ? » C'est léger. Là encore, je ne m'y étais pas préparée. J'aimerais mieux que l'amour se passe de mon intermédiaire mais sur ce coup-là, je me dis que la vie est plus forte que la maladie et que je ferai le job.

Encore ici, c'est un équilibre subtil à trouver. Chaque moment est aussi important. Il ne faut en laisser échapper aucun. Bien sûr, ça n'est pas évident. Parfois, on voudrait sauver la planète entière et on fonce. D'autres fois, on aimerait établir une distance avec la maladie, se protéger, se barricader. Il y aurait même le risque d'inventer deux mondes parallèles qui ne se rencontreraient jamais. J'ai encore en mémoire ma première visite à la médecine du travail. Le médecin, après m'avoir posé une série de questions médicales classiques, m'a interrogée gravement : « Est-ce que vous arrivez à cloisonner votre vie professionnelle et votre vie personnelle ? » J'ai menti, j'ai dit oui pour éviter d'en débattre.

En sortant de la consultation, j'ai déjeuné avec mon amie d'enfance, Audrey. Nous avions grandi ensemble, étions très proches au collège et avions continué à nous donner des nouvelles après le lycée. Je savais qu'elle s'était investie ponctuellement avec Aïda tout en poursuivant ses études dans le développement durable. Dehors, il faisait beau. J'avais passé une bonne journée et j'étais heureuse de la retrouver après toutes ces années. Le moment propice pour partager, au soleil, un sandwich et un thé glacé à emporter, dans un parc près de chez elle.

« J'ai une tumeur au cerveau. Je voulais absolument te voir car je sais que tu peux me comprendre. Tu es la première amie à qui je l'annonce. »

Cet après-midi-là, la maladie s'est invitée à notre pique-nique improvisé, sans prévenir. On pense qu'on sait accompagner, on a été formé, on le fait souvent. Comme à chaque fois, on est tout petit face à l'infiniment grand de la maladie et de la mort. Mais là, au soleil, dans un parc, on n'est pas préparé. Ce jour-là, j'ai surtout écouté Audrey. Je me sentais maladroite ; entre aidante et amie, je n'arrivais pas à me situer, je tâtonnais pour trouver les mots justes.

« Merci d'avoir été là pour m'écouter. C'est ce dont j'ai besoin. » Rien de plus.

Lorsque Julie m'interroge sur les fournisseurs officiels de desserts, nous sommes à deux semaines du lancement de Highway to Health[1], un programme d'accompagnement sous forme de week-ends que nous mettons en place chaque année pour les jeunes qui font ou ont fait face au cancer. À l'hôpital, ils sont accompagnés pendant les traitements mais en rémission, plus rien. Pourtant, ce n'est pas fini, loin de là. L'après-maladie est un nouveau combat.

« Quel avenir ? »

« Amitié, es-tu là ? »

« Comment accueillir le moi 2.0 ? »

La seconde partie du parcours commence. Particulièrement angoissante pour beaucoup. Pendant leur

1. Littéralement : « autoroute pour la santé », en référence à *Highway to Hell* d'AC/DC.

rémission, les jeunes ne sont pas encore guéris. Ils ont gravi l'Everest. Il s'agit maintenant de le redescendre. En cordée, sans perdre l'équilibre, en apprivoisant le vide.

« On a toujours un orage qui peut éclater pas loin ! »

Highway to Health est né pour permettre aux jeunes de traverser cet orage, ensemble. En effet, certains n'ont jamais eu la possibilité de côtoyer leurs pairs pendant les traitements. Ils ont été pris en charge dans des services de pédiatrie ou de médecine adulte qui n'accueillent quasiment pas de patients de leur tranche d'âge. Ces week-ends offerts aux jeunes et à un membre de leur entourage – généralement un frère, une sœur, une petite amie, un copain – sont l'occasion de rencontrer d'autres jeunes qui sont passés par la maladie, de briser de nombreux tabous et d'envisager l'avenir.

« C'est ouf, y a vraiment d'autres jeunes qui ont eu un cancer. »

Cette phrase m'a marquée. J'avais été bouleversée d'envisager que ce jeune homme de vingt ans avait passé son année de traitement à Dijon en se disant qu'il était un cas isolé, une exception que venait frapper cette « maladie de vieux ».

Cette année, le lancement du programme a lieu en Corrèze, début juillet, sous l'impulsion de Julie, organisatrice de l'événement. Elle est la doyenne de l'équipe du haut de ses trente ans et attend son premier enfant. Son parcours de vie a été marqué par la maladie au début de l'âge adulte ; elle a ensuite décidé de s'engager dans de nombreuses associations avant d'arriver chez Aïda. Le défi est un peu fou : rassembler deux cents jeunes pendant quatre jours autour d'une quarantaine d'activités. Théâtre, musique, art-thérapie, boxe, réflexologie, yoga, cuisine, ostéopathie, etc. : l'occasion de faire connaissance et de parler de sujets graves dans un contexte décalé. Ils pourront ensuite se retrouver tout au long de l'année en plus petit comité. L'organisation de l'événement commence, dès le mois de novembre. Le choix des lieux est essentiel : beaucoup de nature, tout autant d'espace, un hôpital à proximité. Une bouffée d'air frais sécurisée. Chaque week-end est un moment à part, dans un univers à part. Nous faisons imprimer des T-shirts spécialement pour l'occasion, multiplions les goodies en tout genre, décorons chaque recoin du lieu qui nous accueille.

Pendant la pandémie de Covid-19, ces moments de convivialité ont manqué. Nous avons continué à accompagner l'après grâce à Zakaria, engagé avec Aïda à Marseille. Ce maestro de l'informatique a développé un univers en ligne qui permet à chaque jeune de se créer son propre avatar, d'évoluer dans un monde mi-SIMS[1],

1. Jeu vidéo de simulation de vie, où les personnages évoluent dans un monde virtuel, sans objectif précis, et mènent la vie qu'ils désirent.

mi-Minecraft[1], et d'interagir en vidéo. Ce dispositif reste aujourd'hui opérationnel et très apprécié, notamment des jeunes hospitalisés qui ne peuvent pas sortir de leur chambre. L'isolement n'est pas seulement une affaire de pandémie. C'est une part du quotidien des patients que nous accompagnons.

La réussite d'un week-end dépend, entre autres, de la fameuse playlist. Elle devra tourner en boucle pendant quatre jours et fédérer l'ensemble des participants. Autant vous dire que le défi est de taille : pop, rock, rap, musique des années 1980 ou 2010, country music… D'une édition à l'autre, quelques titres se démarquent, certains sont détournés. On obtient un rap sur la chimio, une chanson douce sur la solitude après les traitements, un slam sur l'amitié. Parfois, quand des jeunes musiciens sont parmi nous, ils créent même leur propre chanson. *La Crème de la crème*, devenue hymne de Highway to Health et mise en musique par Élias, Maxime, Constance, Lydia, Stanislas, Gabriel et tant d'autres. Je suis très attachée à ce titre qui reprend l'essence de notre engagement : jeunes avant tout, malades ou non, heureux de se retrouver, heureux de célébrer la vie avec ses difficultés, ses drames, ses joies. Tous ensemble, nous sommes « la crème de la crème ». La première fois

1. Jeu vidéo dans plusieurs mondes virtuels composés de blocs et dans lequel les joueurs partent à l'aventure tout en créant leur propre univers.

que je l'ai écoutée, c'était pendant l'été 2019, l'année de sa création. J'ai immédiatement été captivée, prise dans le rythme, euphorique.

On dit merci, merci Aïda, c'est grâce à toi...

J'ai souri, émue.

Certains jeunes sont informés de l'existence du programme par le biais des infirmières de coordination dans nos cinquante services hospitaliers partenaires. Elles jouent un rôle essentiel car elles sont un lien fort entre les patients et l'association. D'autres jeunes, qui ne bénéficient pas de la présence de ces soignants et sont souvent plus isolés, en entendent parler par le bouche-à-oreille, sur les réseaux sociaux d'Aïda[1] ou par le biais de Jeune & Cancer[2], un espace dédié sur lequel Milena, étudiante en médecine, accompagnée de bénévoles Aïda, vulgarise la maladie.

Nour avait entendu parler du week-end sur le compte d'Aïda. Au moment de quitter l'hôpital, elle a la certitude qu'elle y participera. Elle en a besoin. Tous les jours, elle tanne Sofia pour qu'elle l'accompagne. Celle-ci a déjà entendu parler de Highway to Health par le biais de son infirmière de coordination. Elle ne sait pas encore si elle ira, si elle est prête à rencontrer d'autres jeunes qui ont vécu la même chose. « Trop de cancer, ça t'étouffe, ça te tue. »

1. @associationaida sur Instagram.
2. @jeune.cancer sur Instagram.

Les lymphocytes T sont de véritables cellules tueuses. Dans le couloir menant au service qui m'accueille pour la journée, une affiche explique en quelques schémas le nouveau traitement dont tous les médias parlent : les CAR-T cells. Je suis fascinée. Dans l'armée que constitue le système immunitaire, les cellules T font partie des soldats les plus forts. Ils ont la charge d'attaquer directement les cellules anormales pour protéger le corps, et notamment de traquer puis d'éliminer les cellules cancéreuses. Mais ces dernières sont malignes et arrivent à se dissimuler pour neutraliser le système immunitaire. La guerre est déclarée. Pour booster ces cellules T, les scientifiques ont mis en place la thérapie cellulaire CAR-T. Elle repose sur la modification génétique de ces cellules pour qu'elles soient capables de reconnaître et de détruire les cellules cancéreuses.

Le chef de service – surnommé Dumbledore[1] par ses patients – m'interrompt dans ma lecture. Il m'accueille dans son bureau, simple, à son image. Dumbledore est accessible. Je m'enfonce dans le canapé, il prend le fauteuil en face. À gauche, je reconnais un tote-bag aux couleurs d'Aïda.

1. Dans *Harry Potter* de J. K. Rowling, Dumbledore dirige Poudlard, l'école de sorcellerie dans laquelle étudie Harry. Très vite, et tout au long de la saga, il devient un guide pour le héros.

« Joli sac ! » Je fais la blague à chaque fois. Je lui avais offert ce *goodies* lors de notre première rencontre. Dumbledore joue un rôle important dans l'histoire d'Aïda. Il nous conseille, nous soutient et appuie nos projets auprès de la communauté médicale. Il a créé il y a quelques années l'une des premières unités dédiées aux adolescents et jeunes adultes en France. Un modèle à dupliquer partout sur le territoire. Les jeunes y sont soignés entre pairs – de quinze à vingt-cinq ans – et accompagnés sur les aspects médicaux et psycho-sociaux qui relèvent de leur âge : le maintien du lien avec la scolarité, la sexualité, le rapport aux autres, le premier emploi. C'est essentiel. Tous les patients sont formels.

Ce jour-là, je n'ai plus de voix. Avec Julie et Emma, notre psychologue, nous avons formé la veille les bénévoles qui encadreront les week-ends Highway to Health de cette année. Le programme nécessite en effet une formation et un suivi psychologique particuliers qui vont au-delà de la formation classique dispensée par Aïda. Les moments que nous y vivons sont intenses. Je partage avec Dumbledore les dernières avancées de l'association, les questionnements que nous avons sur des sujets d'accompagnements spécifiques. En retour, il m'interroge sur notre perception de la prise en charge des patients jeunes ou sur des perspectives de développement. Ce que j'apprécie dans nos échanges – encore aujourd'hui – c'est que nous accomplissons un travail en équipe. Une collaboration qui se tisse, au service du patient. Dumbledore m'a permis de comprendre que l'engagement d'Aïda est particulier. Un peu unique. Au-delà de briser l'isolement des jeunes, Aïda est le trait d'union entre soin et jeunesse. À la fin de chacun de nos échanges et des dix mille idées qui ont fusé, il finit toujours par un *check* du coude et, avec le calme et l'humilité que j'admire chez lui, il nous félicite : « Bravo à toute l'équipe, je te laisse transmettre. C'est vraiment bien ce que vous faites. »

Au début, Bastien ne voulait pas participer au week-end Highway to Health. Se retrouver avec des jeunes qui avaient vécu la même chose que lui, il n'en avait rien à faire. Il est aujourd'hui tiré d'affaire, ça ne sert à rien de ressasser le passé. Son infirmière à Brest l'a incité à s'inscrire. Aïda n'intervient pas encore dans son service mais celle-ci suit régulièrement nos actualités sur les réseaux sociaux et informe ses patients.

Au total, vingt-deux villes sont représentées. Les participants arrivent des quatre coins de France grâce à plusieurs cars prêtés pour l'occasion. Au-dessus du pare-brise, nous lisons très distinctement :

Highway to Health avec Aïda
Le week-end pour les jeunes face au cancer.

La fête commence déjà dans les cars. Dans le mien qui part de Lyon où je passais la semaine avec les équipes sur place, j'anime un karaoké hétérogène : Céline Dion, années 1980, Disney. Ça chante, ça se lève mais ça se rassoit vite, ça rit. Fort. Les cars arrivent un à un dans la cour principale du lieu qui nous accueille. Le séjour est intégralement offert pour que tous puissent participer. Le coût pour Aïda est de mille euros par jeune, financés par des associations, des fondations ou des entreprises partenaires. Certains particuliers contribuent également en ligne sur notre site Internet. C'est chouette !

Descendent du car, un à un, les participants, puis les bénévoles qui les accompagnent et enfin les intervenants qui animeront ces quatre jours hors du temps. Je reconnais certains visages d'anciens patients que nous accompagnons sur tout le territoire. Sofia sort du car en sautillant et me tend un chapeau étonnant en forme de ballon de foot. Je suis décontenancée par son cadeau mais suis heureuse qu'elle ait fait le choix de venir. « Moukanas, je t'offre le plus beau chapeau de la planète. Grâce à lui, la France gagnera face à l'Argentine demain ! »

Derrière elle, je reconnais sa mère. Je suis surprise de la voir car, généralement, les week-ends Highway to Health n'accueillent que très peu de parents. Une dizaine sur les centaines de patients qui en ont bénéficié jusqu'à maintenant.

À son arrivée, chaque participant reçoit – grâce à l'organisation millimétrée de Julie – un tote-bag avec le programme, des goodies aux couleurs de l'événement et quelques surprises pour les prochains jours. Comme à l'hôtel, nous avons pris le temps d'attribuer par avance les chambres. Ils les rejoignent et découvrent leur colocataire. Au début, chacun est distant, méfiant. On se demande ce qu'on peut bien faire lors d'un tel événement qui ne rassemble que des jeunes ayant fait face au cancer. Alors, chacun est poli, réservé, bien rangé. Dans les chambres, nous avons disposé sur les lits le kit des indispensables : crèmes en tout genre, shampoings, lait corporel, gommage, petits échantillons de parfums, crème solaire, préservatifs. La santé, c'est aussi la prévention. Une équipe médicale, composée d'un médecin et de deux infirmières, est présente sur place. Marie-Cécile, la première infirmière à avoir soutenu Aïda, est cette année encore au rendez-vous.

« Je n'ai pas faim, merci. Ton chapeau est moche. »

Bastien est descendu du car, le maillot de l'Argentine sur le dos. Il sait que dans quelques jours, l'équipe qu'il soutient affrontera la France. Azzedine et Sofia lui jettent un regard courroucé. Bastien les toise. Il veut être certain d'être dans l'opposition, c'est dans sa nature.

Mis à part Bastien qui ne veut pas se mélanger, le reste des participants se familiarise avec ce nouveau lieu de villégiature. Abdoulaye-Léo, Abdine, Nour, Sacha, Marie, Sofia, Azzedine… Je suis heureuse de les retrouver et touchée de les voir ensemble. Nous les connaissons bien mais eux, c'est la première fois qu'ils se rencontrent. Je découvre aussi d'autres visages de jeunes que nous accompagnons. Jordan, vingt-quatre ans, est arrivé de Lyon, dans mon car. Il est en fauteuil roulant en raison des séquelles laissées par les différents traitements et souffre d'une paralysie du côté gauche. Il doit maintenant se reconstruire avec son handicap. Laura, elle, vient d'un petit village normand. Sa dernière cure de chimiothérapie remonte à trois ans et elle a entendu parler du week-end *via* une influenceuse sur les réseaux sociaux. C'est la première fois qu'elle peut parler ouvertement de sa maladie. Elle appréhende un peu et fond en larmes au premier atelier proposé. C'est un *world café*, animé par Chloé[1]. On partage ce qui a été difficile pendant les traitements. On met des mots sur des Post-it géants qui sont ensuite collés sur la carte mentale de « ce qui nous pèse ». Elle s'élargit minute après minute des histoires de chacun. Elle devient collective. Elle est un autre lien, moins léger que la playlist, mais tellement enraciné. Jordan explique que son rapport à son corps a évolué depuis qu'il est en fauteuil. Ce n'est pas facile, c'est la première fois qu'il ose se livrer. Ça lui fait du bien. Laura s'attarde sur sa relation avec sa meilleure amie qui s'est détériorée. Elles ne se comprennent plus.

1. Je vous recommande l'ouvrage *Le Nénuphar. Carnet de route avec un cancer* de Chloé Renault (Marabout, 2016).

Elles n'ont plus le même regard sur la vie. Laura a vieilli, a pris de la hauteur. Nour, qui participe aussi, explique qu'elle a perdu le fil, elle le cherche, elle espère que le week-end va l'aider.

Ce premier atelier est un exercice émotionnellement intense. Il permet de déposer ce qui pèse et de libérer la parole pour le reste du week-end, qui lui, n'en sera que plus léger. Les bénévoles sont présents à la sortie de la tente pour accueillir les jeunes qui – submergés par l'émotion – ressentent le besoin de prendre l'air. Pour Sofia, faire face à la réalité est trop violent : le cancer l'a brisée dans son élan. Elle s'effondre en sanglots dans mes bras.

« Ça fait du bien, putain. »

Abdoulaye-Léo sort ensuite. Il nous propose son aide dans l'organisation. Une partie de l'équipe est occupée à chercher Bastien, introuvable depuis le matin. Je commence à m'inquiéter. Son médecin nous a prévenus que sa santé mentale est fragile. Nous avons longuement échangé avec les équipes médicales. Elles pensaient que ce week-end était vital pour lui mais ne voulaient pas faire peser sa charge sur nos équipes. Nous avons pris la décision en concertation. Bastien, lui, n'a pas souhaité échanger avec nous en amont. Il a suivi le mouvement. Ou plutôt, son infirmière référente l'a embarqué et installé dans le car en partance pour la Corrèze où il est désormais introuvable.

« Tu veux une clope ? »

Je sursaute. Bastien me tend un paquet décoré d'un poumon carbonisé. Je le regarde sans rien dire. Il ironise. « Tranquille. Un ou deux cancers, ça change quoi ? »

Bastien est en colère. Il a eu un ostéosarcome[1] très agressif et a passé plusieurs semaines dans le coma. Il a fini par être amputé et a une prothèse à la jambe gauche. Ses amis lui répètent qu'il est tiré d'affaire, qu'il peut tourner la page, oublier pour mieux se projeter vers l'avenir. Qu'il devrait reprendre les études maintenant. Mais Bastien ne veut pas. Il veut tout casser. Il veut se venger, se faire du mal.

Je m'assieds à côté de lui, écrase sa cigarette contre un mur, et j'attends.

« Frère, à quoi tu joues ? Tu as cru que tu étais ma daronne ou ça se passe comment ? »

Sa mère, parlons-en. Bastien ne parle plus à ses parents. Ils l'étouffent. Il veut sortir tard le soir ? Ses parents paniquent. Apprendre à danser ? Avec sa prothèse à la jambe, il n'ira pas bien loin. Sortir avec qui il veut ? Ses parents veulent des références sérieuses. Alors, il s'est barré. Il est parti, du jour au lendemain. Bastien a dix-huit ans et a l'impression que le monde l'a abandonné. Pire. Que le monde entier est ligué contre lui. Je l'écoute.

« C'est vraiment une vie de merde. »

---

1. Cancer osseux qui touche principalement la jambe.

Chaque heure monte en intensité. Les jeunes se rencontrent, discutent, nouent des liens à la vie, à la mort. Nous sommes vendredi soir et dans quelques heures, la France affrontera l'Argentine pour la première fois.

Comme à l'hôpital, l'excitation grandit avant le match. Ambiance itinérante. Au beau milieu de la Corrèze, avec nos histoires et nos trajectoires, nous sommes deux cents à improviser une fan-zone. Julie étend un drap contre le mur jaune et pose le projecteur sur une table, en face.

« C'est quand même plus pratique quand c'est un mur d'hôpital. On aurait dû y rester. »

Bastien a encore frappé. Il a accepté de venir regarder le match avec nous. Évidemment, il n'est pas venu en paix. Habillé en maillot bleu clair et blanc floqué au nom de Lionel Messi, tongs-chaussettes, casquette tête de mort, il regarde la salle avec méfiance, canette de soda à la main. « Détends-toi Baba. C'est ambiance cool ici, lâche spontanément Sofia.

— Par contre, change de maillot », ajoute Jordan, au premier rang, en lui tendant une perruque tricolore.

Bastien lève les yeux au ciel et s'effondre sur une chaise au fond de la salle, les jambes écartées.

Le match débute. C'est encore Griezmann qui ouvre le jeu, mais l'Argentine égalise 1 partout. Puis se démarque. 2-1. Dans la salle, le moral des troupes est au plus bas.

Même Bastien semble attristé de voir la France perdre ce match après une si belle aventure en coupe du monde quand soudain…

Cinquante-sixième minute…

« SECOND POTEAU… PAVARD ! »

La France égalise grâce à un but hors du commun de Benjamin Pavard, en première sélection d'équipe de France. La salle n'est plus qu'hystérie généralisée. Jordan parvient même à se lever de son fauteuil, l'espace d'une fraction de seconde, les bras en l'air. C'est le miracle Pavard. Quelques mois plus tard, Benjamin deviendra parrain de l'association et s'engagera à nos côtés. Le jour de l'An, il se fera laminer par Jordan au (baby-) foot, à l'hôpital.

Le but de Benjamin Pavard donne un autre rythme à la fin du match – que nous remportons – et par la même occasion, au reste du week-end.

Au réveil, le lendemain matin, je m'aperçois que mon amie Audrey m'a laissé un SMS. « Il a l'air chanmé votre week-end. L'année prochaine, je viendrai ! »

Les mondes se rencontrent.

Bastien est assis dans l'herbe avec d'autres participants. Il sourit et semble passer un bon moment. Je crois rêver. Il ne porte ni sa casquette tête de mort, ni son maillot argentin. Rien à signaler. À côté de lui, je reconnais la mère de Sofia. Leur discussion semble intense mais je suis trop loin pour l'entendre. Le samedi matin commence par une dizaine d'ateliers individuels, ou en groupe. Chacun s'inscrit selon l'inspiration du moment. Jordan opte pour une séance d'ostéopathie tandis que Sofia se rend en art-thérapie. Nour penche évidemment pour l'atelier d'écriture et Abdoulaye-Léo, lui, tourne dans un court-métrage improvisé. Il y en a pour tous les goûts.

Bastien et la mère de Sofia sont toujours côte à côte. Ils échangent depuis une heure et demie. Deux générations se rencontrent, se comprennent. Bastien confie sa douleur et son sentiment d'abandon, la mère de Sofia sa détresse face à sa relation avec sa fille, qu'elle voit se vider de sa substance. Elle a le sentiment d'oppresser Sofia et en même temps, elle ne sait pas faire autrement. Après ce temps d'échange, je sens que quelque chose dans le comportement de Bastien a changé. C'est à peine visible, Bastien reste Bastien. Mais, spontanément, il me propose de s'occuper de la musique pour la soirée. Une playlist de concorde.

Le samedi soir à Highway to Health est la soirée la plus attendue de l'année. Elle commence par un spectacle de folie qui présente les multiples chefs-d'œuvre du week-end. On chante, on pleure, on tape des mains, on rit à n'en plus finir. Traditionnellement, les courts-métrages sont projetés en premier. Le public enthousiaste découvre Abdoulaye-Léo acteur. Avec Sibylle et Julie, nous pleurons de rire à chaque scène. Sur l'écran, il joue avec la caméra, danse, amadoue le public. Il est doué, nous sommes bluffés. À la fin de la projection, Abdoulaye-Léo saisit le micro et monte sur scène, sous un tonnerre d'applaudissements. *Standing ovation.* « Je voudrais dédier ce premier film à Aïda. Je reviens de loin. Sans vous, je ne sais pas où je serais aujourd'hui. Merci. » Sifflements. Applaudissements. Les T-shirts volent sur la scène. Jordan roule jusqu'à moi et me tend un mouchoir, incognito.

Se succèdent ensuite chanteurs, cuisiniers, artistes, écrivains, poètes, slameurs. Puis vient la choré que l'équipe d'Aïda a répétée pendant des mois. *Magic in the Air.* La première fois, nous performons seuls. Cadeau. Puis, ils nous rejoignent et nous dansons une deuxième fois, avec eux. La troisième fois, nous leur laissons la place.

C'est aussi notre rôle, il ne faut pas l'oublier. Savoir s'effacer. Nous ne sommes pas voués à exister indéfiniment dans leur vie. À un moment, il faudra se dire au revoir. Chacun a son rythme.

Ce qui se passe ensuite appartient à ceux qui le vivent, à Highway to Health. Ce que je peux vous dire, c'est que j'ai rarement vécu des moments où la vie triomphe autant.

L'après Highway to Health est un long processus, pour les participants, mais aussi les staffs et les intervenants. Il faut redescendre après quatre jours d'adrénaline intense. Beaucoup se retrouvent seuls chez eux. Là encore, il faut accompagner. L'après de l'après.

Le lundi matin, je me lève difficilement. Sur le chemin vers les locaux de l'association, mon téléphone sonne. Une première fois. Une deuxième. Une troisième. Je réponds.

Je reconnais la voix nonchalante de Bastien.

« Je voulais juste te dire que je déjeune avec mes parents aujourd'hui. »

Beyrouth, 25 décembre 2013

« Aujourd'hui n'est que la mémoire d'hier et demain, le rêve d'aujourd'hui. »

Aïda m'avait tendu trois petits paquets cadeaux rouges.

Le dernier : Le Prophète, *Khalil Gibran.*

À voix haute, au pied du sapin, elle m'avait fait lire un chapitre au hasard.

Chapitre 19. Le Temps.

J'avais quatorze ans. Le texte me parut hermétique mais je devinai dans les yeux de ma grand-mère qu'elle l'appréciait.

7

Préparer le brief et le débrief

Quand Thomas prend sa guitare pour chanter, tout le monde se rassemble autour de lui. Il sait réunir. C'est un de ses dons. Les paroles me sont totalement hermétiques mais je sens qu'il veut transmettre quelque chose. Il chante dans une langue étrangère à ceux qui l'écoutent. C'est musical, enveloppant, envoûtant. Assis en cercle, nous reprenons en chœur : « Mama ya banana. Coticayana. »

Dans la salle de jeu, en ce début d'hiver 2021, je rencontre le jeune homme pour la première fois. Avec son visage ouvert et son sourire contagieux, il attire instantanément la sympathie. Il est habillé comme un rocker : blouson de cuir noir, pantalon troué et effrangé, casquette mythique aux couleurs vives, baskets dernier cri. Il a vingt-cinq ans, c'est le plus vieux de la bande, le grand frère.

Thomas est arrivé en traitement un an et demi plus tôt, fin août 2020, entre deux confinements, à une époque où l'incertitude sanitaire et la distanciation sociale s'étaient durablement installées. Le monde était confiné, mais la prise en charge des patients devait rester une priorité. En cancérologie, tout le monde s'accorde à dire que le temps est essentiel. Ne pas en perdre. La première vague de Covid-19 avait été brutale. Du jour au lendemain, des milliers de patients avaient été confinés dans leur chambre.

Depuis la 151, au premier étage de l'hôpital – service d'onco-hématologie –, la voix de Thomas résonnait et rayonnait, embellissait le quotidien de tant de jeunes qui s'étaient retrouvés seuls, sans aucune visite, encore plus isolés qu'à l'ordinaire. Sans le voir jouer, on pouvait la reconnaître entre mille. Grave, profonde, vibrante. Elle était le lien invisible. La cordée à laquelle chacun s'accrochait. Thomas accordait une attention particulière à chaque soignant. Il respectait infiniment cette profession. Il connaissait chaque prénom, était attentif à la vie des uns et des autres, s'intéressait à leurs familles, et avait même préparé pour l'anniversaire de son médecin traitant, Dr Dominique, une surprise en chanson. Au moment où elle avait toqué à sa porte pour la consultation du jour, il s'était avancé jusqu'au seuil de sa chambre, guitare en bandoulière, et avait entonné en rythme : « C'est la fête… Yeah. »

Sa voix s'était propagée dans le couloir. Et la joie aussi. Quelques soignantes s'étaient approchées à distance respectable les unes des autres – virus oblige. Elles avaient suivi le rythme de Thomas en claquant des doigts et en dansant en chaloupé. Derrière les masques, on pouvait deviner leurs sourires et lire l'émotion du Dr Dominique. C'était une façon pour Thomas de témoigner sa reconnaissance envers celle qui l'accompagnait avec professionnalisme, douceur et humanité. Il avait l'intelligence du bien. Plus tard, lorsqu'une partie des restrictions sanitaires avait été levée, il aimait faire monter sur la scène de la salle de jeu, avec lui, ses *claudettes* préférées, ses soignantes du premier étage. Avec elles, il chantait le temps qui passe :

Oh, le temps, le temps m'a réparé
Plus rien n'est comme avant…
Ne gaspille pas mon temps[1].

À chaque fois, c'était parfaitement exécuté. Il arrivait sur la scène sous les applaudissements nourris de la salle et levait les mains au ciel pour saluer les amis venus l'acclamer. Ça n'était ni de l'orgueil, ni de l'ego. Thomas connaissait l'art de l'humilité. C'était plutôt un rituel teinté d'humour, une introduction pour rassembler le public. Puis il posait les accords, fredonnait quelques notes pour chauffer la salle déjà en délire, alors

1. *Le Temps*, Tayc.

seulement, sa voix rejoignait le mouvement. Les claudettes, enthousiastes, suivaient.

Nos bénévoles avaient croisé la route de Thomas pour la première fois quelques semaines après son arrivée, lors d'une visite du vendredi soir à l'hôpital. Soirée jeux de société au programme.

Selon l'habitude, ils avaient commencé par le traditionnel brief qui précède toute activité. Sur les marches, devant les portes vitrées coulissantes, Océane, désormais responsable du lien avec nos structures hospitalières partenaires, et masquée comme les bénévoles, avait redonné les recommandations essentielles à une visite réussie.

« Ne pas fumer une heure avant et pendant l'activité. » L'odeur de la cigarette est difficilement supportée par des patients en chimiothérapie.

« Pas de portable pendant l'activité. » Il parasite la relation. Nous restons concentrés sur le patient.

Il y a douze conseils au total. Ils sont à chaque fois énumérés. « Enseigner, c'est répéter. » Sans doute la phrase que les élèves entendent le plus souvent au cours de leur scolarité.

Un brief est toujours construit de la même manière : il est court, concis, efficace et laisse la place à d'éventuelles questions. Puis on passe le relais.

« Allez, on y va ! » En entrant dans la salle de jeu, l'équipe de volontaires avait immédiatement compris que Thomas avait quelque chose d'extraordinaire. De singulier, d'audacieux, de solaire. Ils avaient chanté et dansé toute la soirée, reprenant même leurs titres préférés dans le micro. C'était bon enfant, personne n'avait peur du regard de l'autre. La soirée avait légèrement débordé sur les horaires habituels. Thomas n'aimait pas que l'on contrôle son temps.

Débrief : bilan de l'activité qui aide les équipes d'Aïda à progresser, à mieux accompagner les bénévoles et à anticiper les difficultés qui pourraient survenir.

Les bénévoles sont à nouveau dehors, debout sur les marches. La nuit tombe et la fraîcheur de ce début d'automne s'installe. Bien au chaud dans leur sweat bordeaux, ils attendent qu'Océane les invite à parler. C'est un moment où l'on peut tout se dire. Il n'y a pas de tabou, pas d'interdit, pas forcément de consensus d'ailleurs. On peut ne pas toujours être d'accord avec le voisin. Ce n'est pas grave. On partage, c'est l'essentiel. Un sas de décompression, un après que l'on accompagne. Ça évite de se quitter d'un coup. Le temps est encore suspendu.

« Avez-vous aimé l'activité ? »

Chacun, s'il le souhaite, prend la parole à tour de rôle comme pour les questions qui vont suivre.

« C'est marrant, on n'a pas du tout fait ce qui était prévu… On s'est posé et on a participé au spectacle. On a suivi le mouvement quoi ! constate Ali.

— Oui, c'est vrai, on n'a pas joué comme prévu, mais Thomas a tellement bien joué que ça valait pour tous ! lui répond Solène.

— En vrai, c'était trop bien et le karaoké de la fin, c'était ouf ! » ajoute Siwar, enthousiaste.

Brouhaha d'approbation. La jeune bénévole est venue spécialement du Luxembourg où elle étudie désormais. En bus, elle fait le trajet plusieurs fois par mois pour poursuivre sa mission avec Aïda. La force de l'engagement continue de m'impressionner.

Tous les retours des bénévoles sont consignés par la chouette, la responsable d'activité. Pour cette fois, le compte rendu est facile : savoir s'adapter et être au service des envies des jeunes accompagnés. Ne pas forcément créer le moment mais être capable d'en épouser les contours. Savourer ces instants où l'on ne fait pas forcément, mais où on est simplement. C'est rare, cela aurait pu être déstabilisant, car d'habitude nous sommes force de proposition.

À chaque fois, les débriefs sont des moments puissants. Je me souviens de celui d'une visite parisienne. « À la manière de Bansky. » Les jeunes étaient fatigués, l'artiste ne les fascinait pas, la canicule alourdissait l'ambiance. Alors, Clara – une bénévole de dix-sept ans – avait suggéré d'ajouter des contraintes à la création : le dessin devait être réalisé en moins de cinq minutes, et le perdant avait un gage. Bizarrement, j'ai dû successivement descendre les escaliers à cloche pied, faire le tour du service en répétant « Je suis un âne et je mange du foin », ou boire tout un verre à la petite cuillère. L'idée de Clara avait si bien relancé le moment que depuis, pendant nos activités « à la manière de », nous proposons systématiquement un défi chronométré. Une autre fois, un bénévole avait proposé, à la demande d'un patient, que son professeur de boxe intervienne à l'hôpital pour une démonstration. Nous avions fait appel à des volontaires qui pratiquaient régulièrement ce sport de combat. Par la suite, le médaillé olympique Souleymane Cissokho s'est engagé avec Aïda et est venu témoigner auprès des jeunes. « Prendre des coups et se relever. » Certains ont même pu assister à des matchs en live. Grands moments. D'autres fois encore, les débriefs nous permettent de mettre en mots des situations difficiles : des patients qui se battent, des propos racistes ou ouvertement homophobes, un problème médical grave. L'hôpital est un lieu de vie comme un autre avec de la joie, de la violence, de la tristesse, de la colère, de la révolte. Mais, compatir, ce n'est pas tout autoriser. Et tout laisser passer, ce n'est pas aider. Le respect, l'entraide, l'accueil de l'autre sont des valeurs fondatrices de notre aventure.

Bien sûr, parfois, avec un groupe de jeunes qui vivent ensemble, il peut être nécessaire d'alerter les équipes médicales, éducatives ou d'animation de l'hôpital.

Ensemble, nous imaginons des opérations de sensibilisation puis passons le relais à d'autres acteurs associatifs, plus spécialisés que nous. Un atelier d'écriture, un témoignage, un shooting photo… L'art fédère.

Océane reprend la parole et remercie les bénévoles pour leur adaptabilité. Nous sommes là pour les jeunes, à l'écoute. « Le patient au centre de tout ». Le temps redémarre.

Le soir où j'ai rencontré pour la première fois Thomas, j'ai aussi fait la connaissance d'Otta, un musicien talentueux qui vient de rejoindre l'équipe de bénévoles d'Aïda grâce à Marine, une autre musicienne engagée à nos côtés. Je ne reconnais pas ce dernier tout de suite, mais son visage m'est familier. Je comprendrai plus tard que je l'avais découvert dans *The Voice*, quelques mois auparavant sur *Bruises* de Lewis Capaldi. Il a ensuite rejoint l'équipe d'Amel Bent pour le reste de la compétition. En arrivant dans la salle de jeu déjà baignée de musique, Otta dépose sa guitare dans un coin et se précipite sur la table de ping-pong. Je regarde Marine, surprise. Je pensais qu'Otta irait aussitôt sur scène. Il préfère prendre le temps de s'imprégner du lieu, c'est sa première fois à l'hôpital. Il échange quelques balles avec deux anciens patients venus passer ce moment avec nous puis organise une tournante qu'il perd au premier échange. Changement de programme : il va danser sur la musique de Thomas et nous invite même, Agathe, une bénévole, et moi à le suivre. Décidément.

« Dis donc, tu n'as pas envie de chanter ce soir ? »

Il sourit et continue à danser.

« En vrai, le jeune sur la scène là, il gère de ouf. Moi, je suis là pour kiffer avec eux. On verra tout à l'heure. »

Sibylle est avec moi. Depuis notre rencontre en 2017, elle a pris chaque année plus de responsabilité au sein de l'association. Dans quelques semaines, elle sera nommée déléguée générale pour continuer à déployer les actions d'Aïda sur tout le territoire. Je la regarde. Nous éclatons de rire. Connexion : il faut dire à Thomas qu'un autre musicien est dans la salle. Annonce micro.

« Le-chanteur-Otta-est-attendu-sur-scène.

Je-répète-le-chanteur-Otta-est-attendu-sur-scène. »

Otta découvre ce soir-là une autre scène, celle de l'hôpital. Les deux jeunes musiciens ont sensiblement le même âge, à quelques années près, et ne chantent jamais sans casquette. Otta et Thomas sympathisent instantanément. Leurs guitares aussi. Elles s'écoutent, se comprennent, se répondent. C'est comme s'ils avaient toujours joué ensemble. Leurs voix, elles, se complètent.

L'ambiance est exactement celle qu'Océane m'avait décrite un an plus tôt, lorsque nos bénévoles avaient rencontré Thomas pour la première fois.

À tour de rôle, les patients volontaires sont invités à se lever, à monter sur scène et à chanter leur histoire.

Otta joue adossé contre le mur, sa guitare en équilibre. Thomas, lui, reste assis ; les traitements l'ont fatigué. Il ne peut plus rester debout longtemps. Il l'accepte avec sagesse. Zachary raconte ses rêves de sportif de haut niveau. Stacy son enfance au milieu des chevaux. Paul nous fait pleurer. Camille nous fait hurler de rire. Montagnes russes. La soirée finit en karaoké géant. On ne change pas les bonnes habitudes. Sibylle, Agathe et moi nous égosillons sur la reprise tant attendue de *Bruises*. Marine filme exceptionnellement la scène, directement postée en *story* sur Instagram.

En partant, Otta promet à Thomas qu'il reviendra le voir régulièrement. « On va enregistrer tes sons mon pote, ce sera ton cadeau de Noël. »

Pour notre dernier Noël ensemble, ma grand-mère avait donc choisi de m'offrir trois livres. Elle s'était rendue à la librairie Antoine – le prénom de mon grand-père – à une quinzaine de minutes à pied de chez elle. Pour y arriver, elle empruntait un raccourci dont j'ai toujours pensé qu'elle seule détenait le secret et entrait par la porte arrière de la boutique. Aïda avait soigneusement emballé chacun des livres dans un papier kraft rouge carmin. Il était assorti à son *twin-set* et à son vernis à ongles. Nous étions le 25 décembre 2013 et j'avais quatorze ans. Quand Aïda me tendit le premier présent, je découvris dans son regard une lueur particulière. C'était un mélange d'exaltation et d'impatience. De fierté et d'émotion. Avec une tendresse qui me surprit, elle m'incita à déballer ce paquet, le plus volumineux des trois. Ses yeux brillaient en suivant mes gestes. Je découvris alors un pavé d'environ cinq cents pages écrit en police 9, interligne 1, sans illustration. J'ai d'abord pensé à une erreur dans la distribution des cadeaux, cela peut arriver à tout le monde.

Une histoire du Liban.

« C'est pour que tu saches d'où tu viens. » Je l'ai soupesé avec angoisse, j'ai feuilleté quelques pages, et je l'ai abandonné sur le coin de la table en verre. Avec un enthousiasme très relatif, j'ai alors saisi le deuxième paquet.

C'était cette fois-ci un ouvrage souple, aéré, à la couverture blanche, brillante, plus engageante. On y voyait des portées grises entremêlées de notes de musique et de mots en arabe. « C'est un livre qui présente les plus grands compositeurs au Moyen-Orient du XXe et XXIe siècle ! » C'était exactement le titre du livre. « Je l'ai choisi car tu joues du piano. La musique accompagne la vie. »

Ça n'était pas tout à fait mon style de musique et je ne connaissais aucun des artistes, mais je m'étais convaincue que c'était l'occasion de mieux connaître le patrimoinc musical libanais.

Je l'ai posé sur le précédent sans commentaire. Marc, l'aîné de mes cousins, a réprimé un fou rire.

Aïda arborait un sourire de satisfaction mais ne semblait pas percevoir ma déception. J'approchai alors du dernier paquet et me résolus à l'ouvrir. Jamais deux sans trois. « Tu connais *Le Prophète*, n'est-ce pas ? Khalil Gibran, un grand homme. Un Libanais évidemment. »

Nous avions visité sa maison natale à Bcharré avec mes parents l'été précédent. Elle est transformée en musée depuis sa mort et on peut y découvrir les manuscrits de ses œuvres les plus célèbres. Autour de moi, tous les adultes de la famille parlaient de cet homme d'exception, apparemment visionnaire. Je le compris bien des années plus tard.

« Trop bien que le Philosophe se soit inscrit au week-end ! » C'est un des surnoms de Thomas, le vieux sage du premier étage. Dans la salle à manger, Sandro, Maxime, Lucas l'attendent. Il doit les rejoindre pour le petit déjeuner, ou du moins pour leur tenir compagnie : il ne mange plus beaucoup. « Ce sont les traitements, ça m'a coupé l'appétit un peu », explique-t-il à Olivia, une des cinq bénévoles qui accompagnent le week-end U2[1]. C'est une variante de Highway to Health, placée sous

1. Référence musicale au groupe de rock irlandais.

le thème de la musique et imaginée spécialement pour Thomas.

Nous étions fin janvier 2022 et une énième vague de Covid-19 nous obligeait à la vigilance avec les patients. « Vous nous empêchez de nous voir et de faire la fête ensemble. » Évidemment, il avait raison. Le Dr Juliette, cheffe de service dans l'unité qui l'avait accueilli un an et demi plus tôt, le savait. Mais quand on est médecin, comment faire autrement ? La priorité, c'est de soigner et protéger les patients. Pour le monde entier, ces deux dernières années avaient été difficiles. À l'hôpital, il fallait constamment jongler entre humanité et responsabilité, entre lien social et santé mentale. Il y avait quelque chose d'insupportable dans ce dilemme constant. Ce week-end était une parenthèse pour tous. Nous étions réunis, en petit comité. Hors du temps, hors de la pandémie. Nous restions prudents, masqués et testés, mais on n'en parlait pas. L'espace d'un week-end, le Covid-19 appartenait à un autre monde.

Avec Océane et Baptiste, nous rejoignons un peu plus tard dans la journée les bénévoles d'Aïda présents à l'événement, Claire, Olivia, Otta, Jordan et Marine. Tout le monde semble heureux d'être ici. La veille, le week-end avait pourtant mal commencé. Le matin même, nous avions reçu un e-mail nous annonçant que la réservation du lieu était annulée en raison de la recrudescence de l'épidémie. Il avait fallu chercher en urgence et en catimini une solution de repli. Nous avions finalement trouvé un hôtel accueillant qui nous avait ouvert ses portes pour quarante-huit heures. Ensemble, Lucas et Thomas avaient opté pour ce week-end musical pendant lequel les participants – accompagnés par des musiciens professionnels – écrivent, composent et enregistrent leur propre chanson. Ce projet concrétisait ainsi la promesse faite par Otta. Il fallait s'y tenir. À l'arrivée à l'hôtel le vendredi soir, nouvel imprévu : Thomas avait oublié sa carte d'identité. Il était dix heures quand la réceptionniste lui annonça : « Je suis désolée, sans papiers d'identité, nous ne pourrons pas vous laisser entrer. » La première fois avec sympathie. La deuxième, avec agacement. La troisième fois, énervée.

« Ne nous disputons pas. C'est du temps perdu. »

Thomas s'affirma avec franchise, douceur, un léger sourire au coin des lèvres, puis demanda à Olivia de me téléphoner. Au bout du fil, il faisait bonne figure mais je sentais bien que la situation l'affectait. Il faut prendre une décision rapidement. Négocier le droit d'entrée de Thomas. D'ici une heure, je m'engage à fournir le document demandé. Quelques minutes plus tard, Virginie, l'assistante sociale de l'hôpital, envoyait à l'hôtel le Graal. Une réactivité impressionnante pour un vendredi soir. Le week-end pouvait enfin commencer.

« La vache ! C'est quand même carrément mieux qu'à l'hôpital ! » Thomas est affalé en étoile sur son lit immense et moelleux. Les chambres sont spacieuses, lumineuses, confortables, et dotées de grandes salles de bains individuelles. Le grand luxe.

À côté du lit, Otta installe tout le matériel nécessaire pour enregistrer les chansons. Un clavier, des micros dans tous les sens, sa guitare. On se croirait en studio. Thomas répète. Il ne laisse passer aucune erreur, c'est important pour lui. Au bout d'une heure et demie, l'enregistrement peut débuter. C'est un exercice enthousiasmant mais exigeant. Il faut reprendre, recommencer jusqu'à ce que l'ensemble soit impeccable. Un travail d'orfèvre.

« Mama ya banana. Coticayana. »

Thomas tend sa guitare à Otta, lui fait signe de l'accompagner et lui indique la série d'accords à suivre. Ils enregistreront ensemble. À deux, ils se complètent, ils s'équilibrent. Quand Otta pose les premières notes sur la guitare en acajou, il diffuse quelque chose de puissant. La voix de Thomas, elle, raconte une histoire de vie. D'amour et de transmission. Otta et Thomas jouent pour raconter, toucher, laisser une trace.

« Mama ya banana. Coticayana. »

J'appris plus tard que cela signifiait : « La femme de ma vie. La mère de mes enfants. » Les paroles de sa chanson me rappellent *Le Prophète* de Khalil Gibran.

Vos enfants ne sont pas vos enfants.
Ils sont les fils et les filles de l'appel de la Vie
à elle-même,
Ils viennent à travers vous mais non de vous.
Et bien qu'ils soient avec vous,
ils ne vous appartiennent pas.

Une histoire de filiation, d'héritage, de vie. Elle peut se transmettre de tellement de manières. Il y a l'enfantement, la musique, les projets. Dans tous les cas, il faut donner vie, accompagner, faire grandir, puis accepter que cela continue sans soi. Qu'un enfant quitte la maison, que la musique soit reprise par d'autres, qu'un porteur de projet passe le relais.

Thomas veut transmettre son art, communiquer sa sagesse, sa soif de vivre. Son désespoir aussi. « Je veux lâcher cette vie de merde. »

Depuis quelques jours, Thomas savait qu'il allait mourir. Ses médecins lui avaient annoncé qu'il n'existait plus d'issue thérapeutique. Bientôt, les soins palliatifs commenceraient. Dans son service, Thomas avait accompagné d'autres de ses camarades dans la fin de leur vie. Il se prépare à être le prochain mais, à l'extérieur, il ne montre rien.

Allongé sur le lit, il rit, raconte ses histoires de cœur, commente avec Lucas des TikTok de rappeurs connus, écoute Otta jouer pour lui, pour eux.

À l'hôpital, Thomas rassure même les médecins. « Je ne vais pas mourir. Vous allez voir, je ressortirai d'ici debout. J'y crois ! »

Assise en face de moi, Dr Dominique se souvient. C'était cet art de préserver ceux qu'il aimait, de respecter le combat de ceux qui comme lui étaient malades.

« C'est dans la boîte, on remballe ! » Quatre minutes et quarante secondes d'enregistrement. Et les mois suivants ont défilé presque aussi vite.

En cancérologie, le temps est définitivement l'élément central. Prévenir pour avoir un temps d'avance, dépister à temps, soigner dans le temps long, construire le temps d'après. À chaque fois que nous rendons visite à Thomas, nous entrons dans un autre temps, celui qui est compté. Alors, nous veillons à remplir chacune des secondes qu'il nous offre, à n'en perdre aucune. Nous ne voulons pas lui faire perdre de temps. Otta le sait et travaille la nuit pour que le titre enregistré puisse sortir à temps. Il l'a promis.

Le temps s'accélère, il est désormais suspendu à Thomas. Le jeune homme est transféré dans une unité de soins palliatifs quelques mois plus tard. Son médecin référent nous a appelés pour nous l'annoncer un lundi matin. Nous avons été préparés au pire par le Dr Juliette. Alors, le mardi après-midi, nous allons lui rendre visite avec Océane, Otta et une partie de l'équipe. À notre arrivée, il dort, inconscient, immobile. L'un des murs de la chambre a été décoré par les soignants du service. Une ambiance d'artiste, qui lui ressemble. On y voit des guitares dessinées au marqueur rouge, des notes de musique de toutes les couleurs, des messages de soutien, des cœurs.

Selon le Dr Dominique, il est possible que Thomas nous entende encore. Alors, nous parlons, nous racontons des souvenirs, nous rions, nous passons la bande-son finalisée juste à temps, sur le fil.

« Mama ya banana. Coticayana. »

Puis Otta a l'idée de chercher la guitare de Thomas. Elle était cachée dans un placard, derrière son blouson de rocker. Il la sort délicatement, l'accorde, s'assied doucement près de son ami et commence à chanter.

« Mama ya banana. Coticayana. »

Thomas continue de dormir mais ses râles s'arrêtent. Otta ne joue pas pour nous, il raconte pour Thomas, l'emmène avec lui au rythme de ses chansons préférées, pour son dernier voyage. Au refrain, il joue plus fort, accélère le rythme, et nous nous joignons à lui. Des soignants nous entendent et entrent dans la chambre. Thomas est leur plus jeune patient. Ils tiennent à être là pour l'entourer.

« Je suis infirmier depuis deux ans, j'ai presque le même âge que lui. Il paraît que c'est un sacré personnage. »

Les doigts d'Otta s'envolent sur les cordes. Quand il chante, c'est Thomas que j'entends. La musique, feutrée, ouatée, nous rassemble autour de lui, dans la chambre où la vie s'en va.

Thomas est mort le soir même, après avoir entendu pour la première et la dernière fois la bande-son finalisée de sa musique. Une sorte de testament. À son enterrement, au milieu de ses amis du service et de son groupe de prières qui l'appelle « Flambeau », j'ai fait la connaissance de Karen. La jeune patiente a dix-neuf ans, a grandi au Liban et est arrivée en France un mois après l'explosion du port de Beyrouth pour poursuivre ses études d'ingénieur à Marseille.

« Jure, toi aussi, tu es libanaise ! »

Une étincelle de réconfort au milieu de cet après-midi où de nombreux jeunes s'étaient déplacés pour dire au revoir à Thomas. Nous avons sympathisé et quelques semaines plus tard, nous nous retrouvons toutes les deux autour de plats traditionnels libanais pour sa permission de sortie. J'aime ces moments de tête à tête où le temps est partagé et où chacun transmet ses souvenirs. Karen me parle de Thomas. Elle est allée lui dire au revoir juste après nous, le mardi après-midi. Pour elle, c'est comme un grand frère. Elle emploie le présent. Les histoires qu'elle partage leur appartiennent mais ce jour-là, nous avons bien mangé et beaucoup ri.

« Je remercie Thomas de nous avoir permis de vivre ce moment. »

À l'hôpital, les jeunes ont organisé une cérémonie pour ceux qui n'ont pas pu se déplacer – épaulés par leur alliée de tout temps, Zakia, animatrice au premier étage. Ils y ont convié les soignants des différents services avec une organisation millimétrée. Ils y ont passé du temps et se sont investis en équipes. Chacun a un rôle précis à jouer : l'animation, la musique, les badges, les casquettes… Lucas prépare deux raps pour son ami. *Vendeur de rêves* de KeBlack.

Sur ce bateau, tu as perdu un tas d'amis
Tout ce que tu voulais, c'était rejoindre l'Italie.

Karen, elle, a préparé un court-métrage hommage. On y revoit une compilation de photos de Thomas, souvent des selfies, avec ses amis du service. On y entend aussi des témoignages qui répondent toujours à la même question : « Si tu voulais dire une dernière chose à Thomas, ce serait quoi ? »

Après la mort d'Aïda, j'ai entendu ma mère et mes tantes répéter à l'envi le proverbe libanais : *Yalli bi khallif ma bi mout*. C'était un adage que ma grand-mère aimait à citer. Spontanément, à quatorze ans et sans connaître les subtilités de la langue arabe, j'ai traduit : « Celui qui enfante ne meurt jamais. »

Enfant, cette affirmation n'a jamais sonné juste dans mon esprit. Elle m'énervait même. Je la trouvais maladroite, décalée, lourde. Il y avait tellement de contre-exemples, à commencer par la mort de Smilla. À la fin de mon année de quatrième, j'avais écrit une nouvelle inspirée de sa mort, intitulée *La Machine à remonter le temps* dans laquelle Axel, un jeune homme plutôt timide, perdait son amie Tania, comédienne, dans un tragique accident. Chaque nuit, dans ses songes, il recevait la visite d'un vieil homme qui lui assurait détenir la clé pour remonter le temps et ainsi vivre à nouveau aux côtés de son amie. Pour obtenir cette information classée secrète, Axel devait s'endormir tous les soirs avec un souvenir de Tania. La morale de l'histoire révélait alors que la machine à remonter le temps n'existait pas et qu'Axel détenait la clé en lui pour revivre les moments passés avec son amie disparue. L'écriture a une vertu thérapeutique. Aïda et mes parents m'avaient accompagnée à la cérémonie de remise du prix littéraire du collège. Il m'avait alors été attribué par Jean Piat et Delphine de Vigan. Plus tard dans la soirée, à table, Aïda avait tenu à expliquer que j'avais remporté cette distinction grâce à elle. Nous l'avions tous regardée, intrigués. « Si je n'avais pas mis ta mère au monde, elle ne t'aurait pas mise au monde. Tu n'aurais donc pas pu gagner ce prix ! »

Nous avions éclaté de rire. *Yalli bi khallif ma bi mout.*

Aujourd'hui, je comprends mieux Aïda. Et la langue arabe. Il aurait mieux valu traduire : « Celui qui sait transmettre demeure. »

En arrivant à l'hôpital ce vendredi soir, l'enregistrement de Thomas résonne dans la salle de jeu. Il n'est plus là, mais sa musique, elle, subsiste. Demain, nous fêterons les sept ans d'Aïda. J'ai vingt-deux ans, l'association a l'âge de raison et accompagne désormais chaque année des milliers de jeunes patients en France. Je mesure ce qu'Aïda m'a transmis. Ces dernières années ont été un dialogue entre la femme qu'elle était et celle que je suis devenue. Une histoire de transmission encore.

À mon tour, j'espère avoir réussi à vous en livrer une partie. Assurément, il y a quelque chose qui vit au sein d'Aïda et qui nous dépasse. Il reste encore tant à accomplir pour la santé des jeunes et je sais que nombreux sont les bénévoles qui sont prêts à offrir leur temps et qui, comme nous à quatorze ans, veulent être utiles.

Sur le chemin du retour, j'envoie un SMS à Éric, un ami aux conseils sûrs. J'ai du mal à imaginer les premières lignes de mon discours du lendemain. Il me répond dans la minute :

« Joyeux anniversaire à tous, ce qui nous unit a sept ans. »

Saint-Malo, 25 juillet 2022

J'achève ce livre aujourd'hui, là où je l'avais commencé : à Saint-Malo, ville magique dans laquelle je me suis installée en octobre dernier. Je n'y avais jamais mis les pieds avant d'y poser bagages. Au hasard, en prenant une carte, j'ai fermé les yeux : mon index m'a orientée vers les côtes bretonnes. La cité corsaire m'a accueillie à bras ouverts. Son centre hospitalier aussi.

J'avais besoin de prendre du recul après deux années de pandémie marquées par une mobilisation sans précédent des équipes d'Aïda et sept années de travail acharné. De sortir de l'urgence, d'accueillir le temps long. De raconter ce que nous avions construit ensemble. De me retourner et de regarder les empreintes de mes pas sur le sable. D'être seule. De réfléchir, puis de me projeter dans la suite. De contempler la mer, d'écouter son murmure. D'inventer l'après d'Aïda et le mien, aussi liés puissent-ils parfois être.

Au travers de l'écriture, j'ai parcouru avec un regard neuf et émerveillé ces années passées sur le terrain, j'ai échangé avec des jeunes que nous avons accompagnés et qui aujourd'hui poursuivent leur vie loin de l'hôpital, j'ai rencontré bénévoles et soignants différemment. J'ai mis des mots sur ce passage de l'adolescence au début de la vie adulte, rythmé par les rencontres que permet l'engagement.

J'ai grandi, j'ai changé, je suis devenue adulte.

Demain, je m'envolerai vers le Liban pour quelques semaines. Beyrouth mon amour, la mer, la montagne, les cèdres. À Saint-Malo, j'ai eu la chance d'en avoir un devant ma fenêtre. Je le regarde. Racines ancrées, tronc solide, branches tournées vers les étoiles. Il me rappelle celui que mes parents ont planté à ma naissance. Nous avons grandi ensemble, et nous avons tous les deux trouvé notre place. Mon rôle, aujourd'hui, est d'aider d'autres jeunes à trouver la leur.

Alors, avant de quitter Saint-Malo définitivement, je contemple une dernière fois l'horizon. Celui de la mer, infini, celui des possibles.

Remerciements

Mes premières pensées sont pour mes grands-parents : Mamie Aïda, Dado et Tati. Si j'avais la possibilité de les revoir, je leur dirais merci pour ce qu'ils m'ont transmis.

Merci à mes parents. Je mesure avec le temps que cela ne devait pas être facile de voir leur fille se lancer dans une telle aventure à quinze ans. Merci pour leur amour, leur soutien et leur présence. Merci, aussi, pour leurs angoisses, leurs doutes, leurs questionnements. Ils ont ancré mes rêves dans le réel. Merci à mon frère et à ma sœur, mes meilleurs amis pour la vie, assurément. À ma famille, à Rita, Joumana, Hala et Jeanne, les filles d'Aïda, à mes tantes, à mes oncles, à Alain et Afaf, à mes cousins, à Marie, à Aurora et Alexandra avec qui j'ai grandi.

Merci à la plus formidable des équipes : Sibylle d'Arfeuille, Jean-Marc Petit et Marie Marot d'être les clés de voûte d'Aïda, Océane – qui a tant œuvré en coulisses pour cet ouvrage – Olivia, Solène P., Solène D., Gaëlle, Milena, Camille, Gabrielle, Perrine, Loup, Zakaria, Agathe, Côme, Audran, Lise, Julie, Laura, Alice, Émilie, Kim, Chloé, Illana, Louise L., Louise D., Mahaut, Isilde, Emma, Clara, Alix, Jérémie, Erika et Abdoulaye, fraîchement arrivé donc. Merci Tess Foucher, graphiste, et Bertrand Vergereau, photographe, d'avoir consacré du temps à la couverture.

Merci également à l'ensemble des bénévoles d'Aïda qui portent le flambeau de l'engagement, à nos super chouettes, à notre conseil d'administration dévoué, aux ambassadeurs qui organisent des événements dans leurs établissements scolaires, à nos généreux partenaires – associations, entreprises, fondations, instances publiques ou privées – qui soutiennent nos projets et bien sûr à nos précieux donateurs. Vous faites vivre les valeurs d'Aïda au quotidien !

Merci aux équipes médicales, de direction, aux animateurs et éducateurs, que vous avez pu découvrir dans cet ouvrage et à tous les autres avec qui j'ai la chance de construire au quotidien. Merci aux dispositifs AJA d'exister sur le territoire et à ceux qui se battent pour les faire vivre. Merci à Claude et aux équipes du CH de Saint-Malo pour leur accueil chaleureux cette année. Merci aux patients pour les témoignages de force et de vie qu'ils nous apportent, à Delphine d'avoir été une des premières à croire en nous, à mes professeurs et aux équipes pédagogiques du lycée qui a vu naître Aïda.

Merci à mes amis qui ont accepté de relire mon texte, m'ont conseillée, m'ont accompagnée dans cette aventure littéraire : Yanis M'Zali, Élias Orphelin, Myriam Weil, Thomas Khaski, Noémie Madar, Coline Bossard, Michel Nassar, Mayssa Ackawi, Joseph Mohan, Emmanuelle Schaedele, Éric Salomon, Rosanne Aries, Laura Maspeyrat, Racha Abu el Ata, Stéphane Bézian, Luisa et Philippe le Bourgeois, Maria Menicacci-Ferrain, Michèle Melhem, Lauren Kayat, Alix Darcy, Karine Thillaud, Anne Jouve.

Remerciements particuliers à Céline-Marie de Lestanville sans qui rien n'aurait été possible. Elle me connaît depuis l'âge de quatre ans et sait comment me motiver pour avancer. Pendant ces six mois d'écriture, elle a été un soutien quotidien et un pilier de cette aventure. Céline-Marie, merci pour tout.

Merci infini et reconnaissance éternelle à mon amie Marine, artiste de talent, qui a été la première à croire en moi. Merci à Noich, l'Homme de l'ombre, conseiller littéraire, de m'avoir écoutée, fait confiance, d'avoir porté mon engagement, et permis la réalisation de cet ouvrage. On n'oublie pas nos racines, on n'oublie pas d'où on vient.

Merci Didier Couerbe, Christine Ray, Clarisse Besnier pour leurs précieux conseils. Merci Marie Lizardo et l'équipe pédagogique de Sciences Po qui m'ont soutenue dans mon projet de césure et dans mon aventure avec Aïda.

Merci à mon éditrice Noëlle Meimaroglou. Elle est une rencontre formidable de cette folle année. Merci Noëlle d'avoir accompagné mes rêves et levé mes doutes. Merci Isaure Auzou, Typhaine Maison, Perrine Thérond, et l'ensemble des équipes de Robert Laffont qui ont participé à la création et à la diffusion de ce livre et qui ont travaillé pendant plusieurs mois pour que notre histoire devienne vôtre.

Merci à nos parrains et marraines ainsi qu'à toutes les personnalités qui s'engagent à nos côtés pour offrir un écho à notre cause. Vous avez découvert les histoires d'engagement de Paola Locatelli et de Benjamin Pavard dans cet ouvrage. Je leur en suis infiniment reconnaissante. Ils le savent. Et j'admire l'humilité de leur engagement. Ils ne sont pas les seuls.

Merci à Juste Zoé pour son énergie débordante, Thomas Isle pour son engagement discret et efficace qui représente tellement bien les valeurs d'Aïda, Claude Dartois pour le sourire qu'il apporte aux jeunes (et aux soignantes !) dans les services, Adèle Exarchopoulos pour les veillées Loup-Garou sans fin, Charlotte Namura pour l'animation incroyable des soirées, Doc Amine de représenter si bien la nouvelle génération de soignants, Lucie Vagenheim, Otta, Olympe, Lenni Kim, Casanova, Philippine Lavrey, Neven et Marco Ferreira pour leurs voix qui nous transportent à chaque fois, Mikaël Mittelstadt pour les parenthèses théâtrales qu'il nous a fait vivre à l'hôpital, Studio Danielle, Camille Lacourt, Rémy Buisine, MyBetterSelf, Élise & Julia, Virginie Benarroch, Léonore Baulac, Gaspard G., Carole Tolila et Elsa Wolinski de répondre toujours présents pour mettre en lumière nos actions, Sabrina Perquis pour ses mots justes, Marie Papillon et JB Goupil pour l'humour qu'ils offrent à chacune de nos opérations, Guillaume Benech qui a reversé les premiers bénéfices de son entreprise à Aïda, Antoine Goretti pour ses mille et une idées par semaine… Merci à ceux que je n'ai pas encore rencontrés et qui relaient les actions d'Aïda sur les réseaux, par le bouche-à-oreille, dans la presse. Je vous sais nombreux et vous remercie du fond du cœur.

Merci à ma troisième famille, le Collège citoyen de France. Si notre équipe n'existait pas, il aurait fallu l'inventer : Thierry Cotillard, Édouard Bergeon, Marco Berrebi, Tania de Montaigne, Maryline Gigax Généro, JR, Julien Neutres, Dominique Versini, Alice Zagury, et nos deux codirectrices Farida Cagniard et Manon Pérez. Des « rêveurs faiseurs » qui se rencontrent et construisent ensemble au service de l'intérêt général. De véritables compagnons de route désormais. Merci également et bravo à nos collégiennes et collégiens pour la richesse de ce qu'ils apportent à cette formidable aventure. Nous croyons en vous pour changer le monde !

Enfin, merci à tous ceux qui ne sont pas cités et qui ont contribué ou contribueront demain, d'une façon ou d'une autre, à l'aventure d'Aïda.

Table des matières

Composition et mise en pages
par Facompo Lisieux

MIXTE
Papier
FSC FSC® C003309

L'éditeur de cet ouvrage s'engage dans une démarche de certification FSC® qui contribue à la préservation des forêts pour les générations futures.

Pour en savoir plus :
www.editis.com/engagement-rse/

CET OUVRAGE
A ÉTÉ ACHEVÉ D'IMPRIMER
SUR ROTO-PAGE
PAR L'IMPRIMERIE FLOCH
À MAYENNE EN OCTOBRE 2022

N° d'édition : 64439/01 – N° d'impression : 101233
Imprimé en France